池上彰の講義の時間

高校生からわかるイスラム世界

池上　彰

集英社文庫

目次

CONTENTS

池上彰の講義の時間

高校生からわかるイスラム世界

はじめに

イスラム教という言葉を聞くと、あなたはどんなイメージを持つでしょうか。

この本は、高校生を前にして、私がイスラム教とイスラム世界について講義した内容が元になっています。講義を始める前、何人かの高校生にイスラム教についての印象を聞いたところ、「怖い」「暗い」「他の宗教より激しい」などという言葉が返ってきました。

そういう印象を持っている人は多いことでしょう。でも、どうしてなのでしょうか。それは、世界の紛争のニュースが伝えられるとき、それに関連してイスラム教やイスラム教徒の動向が取り上げられることが多くなっているからでしょう。

しかし、それは、「イスラム教徒だから紛争が起きた」のでしょうか。それとも、たまたま紛争が起きた場所に、イスラム教徒が住んでいたからなのでしょうか。そこをはっきりさせずに、「イスラム教徒は怖い」という印象を持つのは、大変おかしなことだと私は思います。

地球上の人口七六億人のうち、イスラム教徒の数は一〇億人以上。おそらく一六億人くらいいるのではないかとも言われています。数としては、まだキリスト教徒の方が多いのですが、イスラム教徒が、どんどん増えています。間もなくキリスト教徒を数で抜いて、世界で一番信者が多い宗教になるだろうと言われています。

あなたもこれから、海外に行ったりすれば、どこでイスラム教の信者と出会っても不思議ではない時代になってきています。それ以外にも、イスラム教という宗教が世界を大きく動かしつつあるという現実があります。

しかも、産油国がイスラム教の国家に多いということもあって、このところ世界のお金は、イスラム世界に流れ込んでいます。その結果、イスラム世界が世界全体のお金の流れをコントロールすることも多くなりました。「イスラムが世界を動かす」というわけです。

ですから、これからを生きるあなたの常識として、イスラム教はどんな宗教なのか知っておいたほうがいいと思うのです。

以前私が中東のヨルダンに取材に行ったときにインタビューしたヨルダンの学者が日本を訪ねてきて、東京で会ったことがあります。一二月のことでした。街にはクリスマスの飾りつけがいっぱいです。これを見た彼が、「日本にはこんなにキリスト教徒が多いのか」と聞くのです。私が、「キリスト教を信じているというよりは、クリスマスと

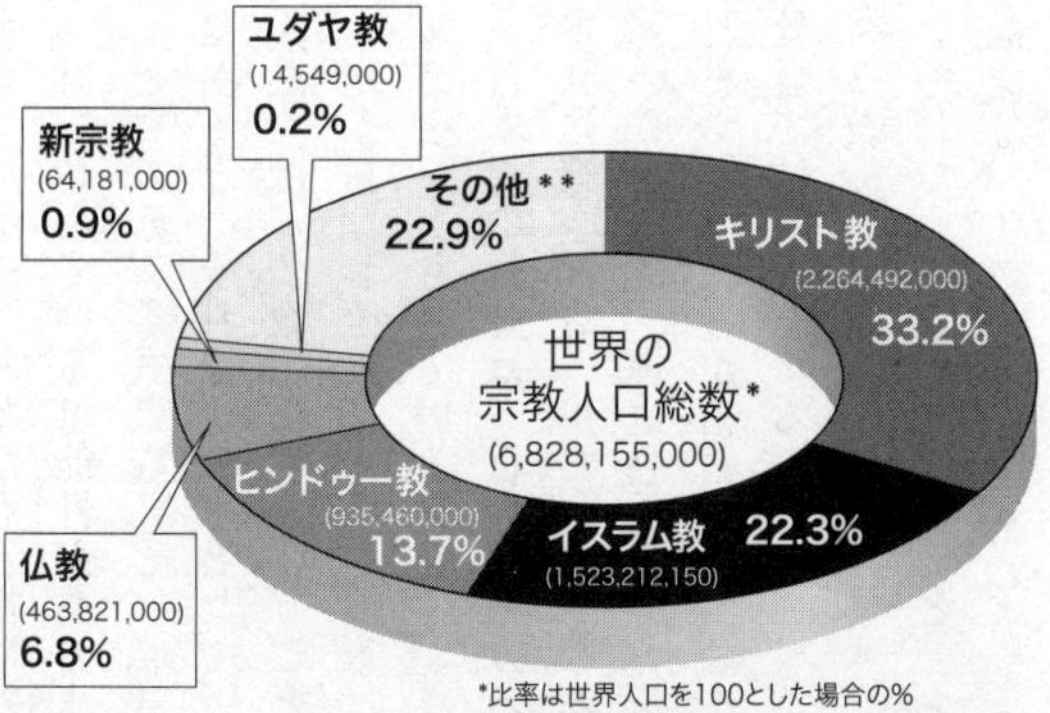

*比率は世界人口を100とした場合の%
**無宗教、無神論者およびその他の宗教信者も含む
『ブリタニカ国際年鑑2010』をもとに作成

いう行事を楽しんだり商売にしたりしている人が多いのだ」と説明したのですが、彼は納得できないという顔をしていました。自分が信じているわけではない宗教行事を祝うということが、国際的な常識では信じられないことだからです。

日本では、文化庁が、日本の宗教の信者数をまとめています。そのデータによれば、仏教やキリスト教、神道などの信者数を合計すると、日本の人口よりはるかに多くなっています。不思議なことですね。

どうしてなのか。たとえば正月、神社に初《はつ》詣《もうで》に行く人は多いでしょう。神社に寄附をしたり、お祭りに行ったりして、神社を支えている人たちのことを氏子といいます。氏子になっている家は、みんなそこの神社の神様を信じているとして、神社側は文化庁に届けます。だから、あなたも、神社の氏子という形で、神道という宗教を信じている信者だと計算されている可能性があります。

ところが、葬式となると、仏式でやることが多いですね。あなたの家代々の墓がお寺にあると、それは、檀家《だんか》として、お寺を支えていることになりますから、あなたの家の人たちは、仏教の信者ということになります。

だから、おそらくあなたの家は、神社の氏子であると同時に、仏教の檀家としてダブルカウントされている可能性が高いのです。

日本人の行動は、世界からみると、非常に不思議です。赤ちゃんが生まれると、お宮参りに行き、もう少し大きくなると、七五三でも神社に行くことでしょう。神社に行くということは、神道を信じている、日本の神様を信じているというふうに普通は考えられます。ところが結婚式は、いまはキリスト教で挙げるカップルが多いですね。高原の教会で結婚式をするのが夢だったりします。そうなれば、それは、クリスチャン、キリスト教徒ということになります。

それでいて、葬式となると、お寺のお坊さんに来てもらって、お経を読んでもらう。最後は、仏教の信者で終わるということになる。不思議ですね。本来それぞれみんな別々の宗教のはずなのに。

日本人というのは、そういう意味では、世界から見ると非常に不思議な人たちだというふうに思われているんだということを、まずは知っておいてください。

私たちは、イスラム教というと何か不思議な宗教だなという印象を持つかもしれないけれど、世界の人たちにしてみると、日本人は一体何を信じているんだろう、とても不思議な人たちだなと思われているかもしれないのです。

どこかの宗教を信じていますと言うと、日本だと何か特別のような感じがすることが多いと思います。宗教を信じています、信者を増やすために活動していますなんて言うと、普通じゃないような目で見られたりすることもありますが、世界では、信仰を持つということは、ごく当たり前のことなのです。

もう何年も前になりますが、ちょうどクリスマスの日に、私はなぜかアメリカのラスベガスというところにいて、タクシーに乗りました。そのタクシーの運転手に、「こんなクリスマスの日に働いているわけ?」と聞いたら、運転手が「そりゃ、クリスチャンは、みんな休んでるさ。でもおれはイスラム教徒だから関係ない。きょう働いているのは、おれたちとユダヤ教徒ぐらいのもんだ」と言うんですね。

逆に、「そういうあなたこそ何しにここへ来ているんだ、こんなクリスマスの日に」と聞き返されてしまいました。困った私は、「本を書くための仕事に来ている。私は仏教徒だからクリスマスは関係ない」と、とりあえずそういう言い方をしましたけれど……。

人によっては、「信じている宗教なんかないから、クリスマスでも仕事をするさ」と答えたかもしれませんね。

ところが、「信じている宗教がありません」と言うのは日本では珍しくありませんが、これが海外に行くと、とても不思議な人、おかしな人、あるいはテロリストかもしれない、というふうに見られる可能性があります。

というのも、信じている宗教がないということは、神様の存在を認めていないということになるからです。神様の存在を認めていない人間は、神様を恐れない。神をも恐れぬとんでもないテロリストではないか、と見られることさえあるのです。

先ほどのヨルダン人の学者に対して、「私は仏教徒だ」と言ったら、彼に、「キリスト教やイスラム教でなかったら、天国や地獄という概念もないのだろう。だったら、人々の行動の規範はどうなっているのだ」と問いつめられました。つまり、人々は、「悪いことをしたら地獄に行く。そうならないように正しく生きよう」と考えるから、この世の秩序が保たれている、という考え方なのですね。

本来なら私は、仏教の輪廻《りんね》の概念を詳しく説明すべきだったのでしょうが、残念ながら、それだけの英語力がありません。そこで、きわめてざっくりと、「仏教でも、この世で良い行いをすれば極楽浄土に行け、悪いことをすれば地獄に落ちるという教えがある」と説明しますと、「それならわかる」と大きくうなずきました。つまり、人々が宗教を信じていてこそ、この世の平和は保たれる、というわけです。ヨルダン人のイスラム教徒である彼は、「神を信じているからこそ、私たちは正しい行いができる。この世の倫理が守られる」と考えているのです。

こう考えると、イスラム教徒は、神の存在を信じているからこそ平和に暮らせると考えていることがわかります。

私たちは、イスラム教と聞くと、危険だ、怖い、テロリストがいると思ったりしがちですが、イスラム教を信じている人たちにしてみると、「宗教を信じていないの？　テロリストじゃないの？」というふうに思われるかもしれないということです。

そんな世界の常識を確認した上で、次の章から、イスラム教とイスラム世界の基礎について学んでいくことにしましょう。

第1講

イスラムが世界を動かす

「神にすべてを委ねて人間の心は平和になる」

そもそもイスラム教の「イスラム」は、本当は「イスラーム」と発音するのですが、日本では、新聞でもテレビでもイスラムという言い方をすることが多いですね。そこで、この本でも、イスラムという言い方を採用します。

アラビア語で「サラーム」という言葉があります。これは平和、あるいは平安という意味です。アラビア語の挨拶の言葉である「アッサラーム・アライクム」というのは、「あなた方に平安がありますように」という意味です。韓国語の「アンニョンハシムニカ」という言い方の「アンニョン」とは「安寧」のこと。あなたは安寧に暮らしていらっしゃいますか、という意味ですから、発想としては似ていますね。

「アッサラーム」の中の「サラーム」というのが平和ということです。イスラームという言葉もサラームと語源は同じです。

イスラムとは、神様に帰依《きえ》するという意味です。神様に帰依、つまり神様にすべてを委ねるということです。「帰依」するというのは、ある宗教を信じるという意味です。

仏教に帰依するというと、お釈迦《しゃか》様を信じ、お釈迦様の教えに従いますということです。イスラムというのは、神様の存在を信じ、神様にすべて我が身を捧《ささ》げます、我が身を委ねますという意味なんです。

「信じる者は救われる」という言い方がありますね。この世の中は神様がおつくりになり、私の行動は、自分で気づいていないだけで、すべて神様が導いてくださっているんだよというふうに考えると、非常に平和な気持ちになれるのです。すべては神様がお決めになったこと、すべてを神様に委ねた、それがイスラムの意味です。

そのような状態のことなので、イスラムという言葉の中には、実は宗教の教えという意味まで含まれています。ですので、本来は「イスラム」だけでいいのですが、ここでは日本の慣習に従って、「イスラム教」という言い方をしておきます。

イスラム教徒はどこに多いのか

ここではイスラム教が世界を動かすという話をするのですが、世界でイスラム教徒が一番多い国は、どこだかわかりますか?

何となくイスラム教というと、中東というイメージがあると思います。たしかに中東にはイスラム教徒が多いですね。でも、イスラム教徒が世界一多い国は中東にはありません。イスラム教徒が一番多いのは、実はインドネシアなんです。

インドネシアは人口が二億五〇〇〇万人。二億五〇〇〇万人のうち九〇％がイスラム教徒なので、実に二億二五〇〇万人がイスラム教徒という計算になります。日本の人口より多いですね。みんながよく知っているバリ島は、インドネシアの他の島々から離れていたせいで、ここだけはヒンドゥー教徒が多いのですが、それ以外のところはイスラム教徒が多いのです。

ほかにもアジアではイスラム教徒が多いのですね。たとえばマレーシアにもシンガポールにも、大勢が住んでいます。中国も、新疆《しんきょう》ウイグル自治区で暴動が起きたりしていますが、この地域にも、もともとはイスラム教徒が多いのです。最近は、イスラム教徒ではない漢民族が多く移住していますが。

インドというと、ヒンドゥー教というイメージがありますが、インドにもイスラム教徒が一億七〇〇〇万人もいます。ヒンドゥー教徒がもちろん一番多いのですが、二番目に多いのがイスラム教徒なのです。

もちろん中東はほとんどイスラム教ですし、アフリカもサハラ砂漠から北はほとんどみんなイスラム教です。これが南部のほうになってくると、もともと地元の土着宗教があったところにヨーロッパの宣教師たちがやってきてキリスト教を広めたので、キリスト教徒が結構いますが、アフリカの北半分はほとんどイスラム教ということになります。

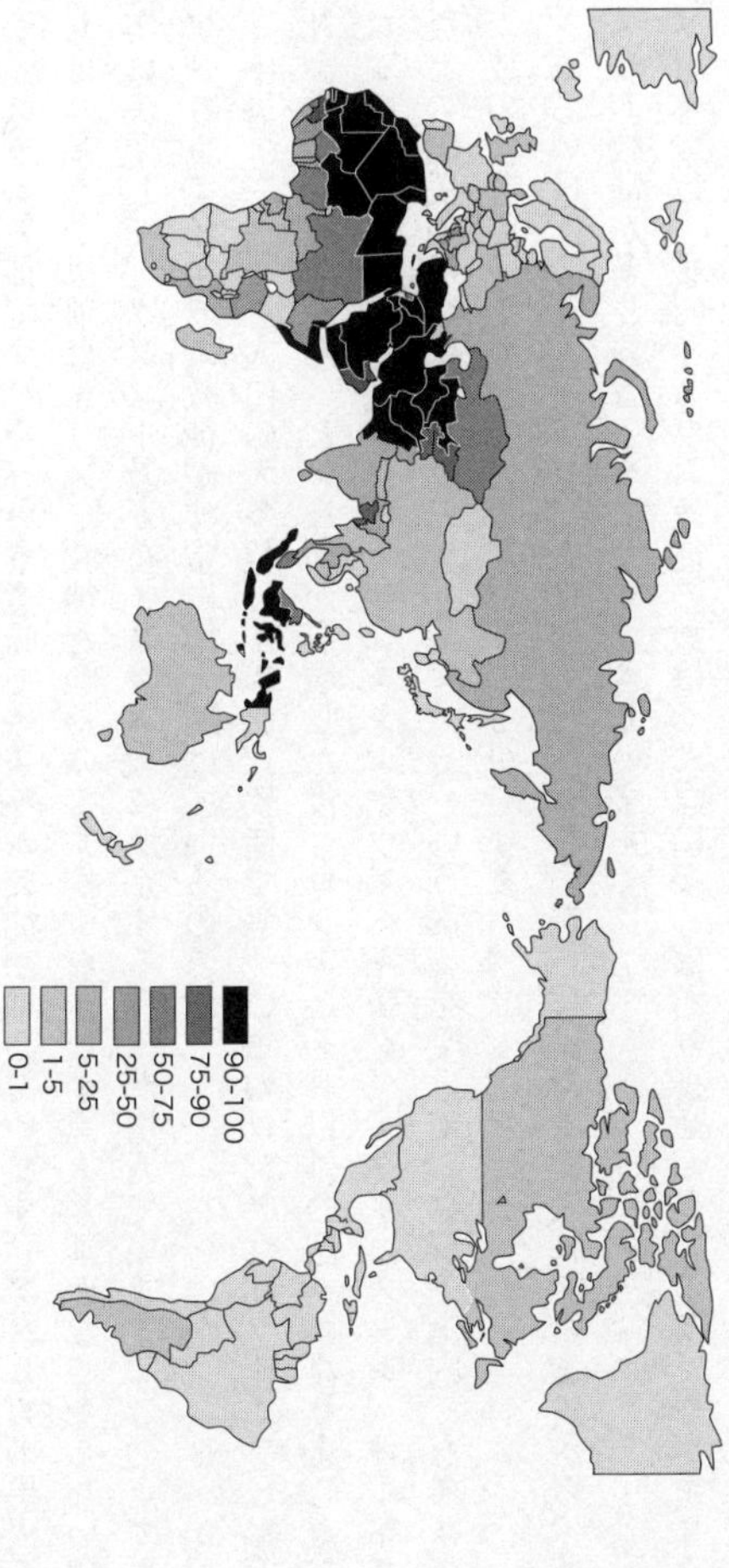

各国の総人口におけるイスラム教徒の割合(%)

Pew Forum on Religion & Public Life (2009)をもとに作成

最近はヨーロッパに多くのイスラム教徒が移り住んできています。そこで子どもが生まれますと、もちろんイスラム教徒ということになります。いまヨーロッパでイスラム教徒がどんどん増えているのです。

アメリカにも、中東での紛争を嫌って移り住んでくる人たちが大勢います。この多くがイスラム教徒です。そういう意味でイスラム教徒が増えています。アメリカの黒人たちは、多くが以前はキリスト教徒だったのですが、なかなか黒人差別がなくならない現実に失望して、キリスト教からイスラム教に改宗する黒人が増えています。この点でも、アメリカでイスラム教徒が非常に増え続けているのです。

中央アジアでも人口の大多数はイスラム教徒です。いまのロシアは、ソ連（ソビエト社会主義共和国連邦）という国が崩壊した後、ロシアとそれ以外の国々になりましたが、ロシアから分かれて独立したカザフスタンやウズベキスタン、タジキスタン、キルギスなどの国民の多数はイスラム教徒です。そういう影響を受けて、ロシア国内でもイスラム教の信者が増えてきているということがあります。

あるいは、オーストラリアも世界のいろんな国から移民を受け入れていますから、イスラム教徒が多く住むようになってきています。

日本では、まだイスラム教徒の数はそんなに多くはありませんが、イランやパキスタン、バングラデシュなどイスラム圏の国から移り住んで来た人が増えています。イスラムに対する関心が高まるにつれ、イスラム教徒になる日本人もいます。

その結果、日本には日本人のイスラム教徒が一万人、外国人のイスラム教徒が一〇万人ほど住んでいると言われるようになりました。これからも増え続けることでしょう。

オバマ大統領の父親はイスラム教徒だった

アメリカのオバマ大統領は、バラク・オバマですね。でも、実はミドルネームがあって、フルネームは、バラク・フセイン・オバマです。

フセインといえば、すぐ思い出すのはイラクの独裁者だったフセイン大統領です。フセインというのは、イスラム教の創始者ムハンマドの孫のフセイン・アリーに由来し、イスラム教徒に多い名前です。

オバマの父親はケニア人でイスラム教徒でした。アメリカに留学してアメリカ人の女性と知り合って結婚。オバマが生まれました。父親の名前をそのまま引き継いだので、フセインの名前が入っているのです。

オバマ大統領本人はキリスト教徒ですが、父親はイスラム教徒だったものですから、「イスラム教徒の息子がアメリカの大統領になった」と言うことも可能です。父親がイスラム教徒の場合、生まれた子どもは自動的にイスラム教徒になりますので、若きオバマはイスラム教徒だったはずなのです。

アメリカは以前、フセイン大統領のイラクと戦いましたから、フセインという名前を聞くと、多くのアメリカ人が、「イスラム教徒じゃないか」というイメージを持ちます。キリスト教徒が多いアメリカでは不利になるものですから、オバマは、大統領選挙中、ミドルネームを自分からは公言しませんでした。バラク・オバマという言い方で通していたのです。

一方で、民主党のオバマに反対する共和党の人たちは、オバマを当選させたくないものだから、「オバマはキリスト教徒と自称しているけど、本当はイスラム教徒らしい」という説を流したりしました。あるいは、大統領選挙のときに、わざとフルネームでバラク・フセイン・オバマという呼び方をしました。

オバマが大統領になった後、エジプトに行って、カイロ大学の学生を前に講演をしたとき、「私にはフセインという名前が入っている。イスラム教の家系であった」と言っています。エジプトのカイロ大学の学生は、ほぼ全員イスラム教徒ですから、その前で、私はイスラムのことがわかるんだよという言い方をして、フセインという名前をアピールしたんですね。そうしたら、すかさず、『ニューズウィーク』というアメリカのニュース週刊誌に風刺画が載りました。大統領がバラク・フセイン・オバマと名乗るとき、アメリカ国内では、フセインという字が読めないくらい小文字だったのが、エジプトに行った途端、フセインの文字が極端に大きくなっている。自分の名前を使い分けしているということを風刺したんです。

こんなところにも、イスラムが大きな存在になってきていることがよくわかります。イスラム教徒は、中東だけにいるわけではありません。アジアでもヨーロッパでもアメリカでも激増しています。それによって社会的な摩擦が起きている地域もあります。

その一方で、ドイツでもフランスでも、オランダでもデンマークでも、イスラム教徒の姿は、日常の風景に溶け込んでいます。イスラム教徒が集団でお祈りをするモスクはミナレットと呼ばれる高い尖塔《せんとう》があるのが特徴です。このミナレットが、ヨーロッパの各地で見られるようになりました。

このイスラム教徒が、各地で経済的に強い立場に立つようになっています。世界経済を大きく動かすようになってきたのです。

もはや世界の政治や経済は、イスラム抜きというわけにはいかなくなりました。まさに「イスラムが世界を動かす」のです。

イスラム教の教えにもとづく金融も広がっています。世界経済にイスラム教の影響が大きくなっているのです。

世界を動かすイスラム教。どんな宗教なのか、教えを詳しく見ていきましょう。

第2講

一神教の三つの宗教

イスラム教は「一神教」

イスラム教は「一神教」と呼ばれます。この世をつくったのは神であり、この世には唯一絶対の神が存在する、という宗教です。神は単数であり、複数は存在しないという立場なのです。

これが日本の神道ですと、神様は自然界のそこかしこに存在し、人間も死ねば神として祀《まつ》られます。仏教では、仏様を守る神様が何人も登場します。ヒンドゥー教でも何人もの神様がいます。いわゆる「多神教」です。イスラム教は、ここが、決定的に異なります。

イスラム教のように、唯一絶対の神を信じるという一神教は、他にもあります。ユダヤ教、キリスト教です。この三つの宗教は、同じ神様を信じています。同じ神様を信じる兄弟宗教なのです。

イスラム教では「アッラーの神」という言い方がありますが、これは正確ではありません。「アッラー」という言葉自体が、アラビア語で神という意味だからです。それも、

「唯一の神」という意味です。エジプトにはキリスト教徒もいますが、彼らもキリスト教の神をアッラーと呼んでいます。

「アッラー」の最初の「アル」というのが、英語の「THE」に相当します。定冠詞です。だから、「アッラー」というのは、「ザ・ゴッド」なんです。世界をつくったのはただ一人の神様なんだよというのが「ザ・ゴッド」。この「アッラー」というのも、「ゴッド」です。唯一の神様という意味なんですね。

だから、イスラム教徒は「アッラーの神」を信じているわけじゃない。イスラム教徒は、神様を信じている。そのアッラーを英語で言えば「ザ・ゴッド」だし、それをユダヤ人の言葉のヘブライ語で言えば「ヤハウェ」になるのです。

三つの宗教はいずれも一神教

ユダヤ教徒にとっては、『律法』（トゥーラー）と呼ばれる書物が聖書です。

これに対して、キリスト教徒は、『律法』を『旧約聖書』と呼び、自分たち独自の聖書を『新約聖書』と呼びます。ユダヤ教徒にとっては『律法』が聖書なのですが、キリスト教徒にとっては、『旧約聖書』（『律法』）と『新約聖書』の二つが聖書です。

一方、イスラム教徒にとっては、この二つの『聖書』に加えて、もう一つの聖書があります。それが『コーラン』です。イスラム教徒にすれば、神は人々を救うために、神の言葉を与えたが、ユダヤ教徒もキリスト教徒も神の言葉をきちんと保存せず、歪《ゆが》めてしまったので、最後の言葉として、『コーラン』を与えた、という立場です。『コーラン』に、こんな言葉があります。

（アッラーは）お前（マホメット）に真実《まこと》をもってこの聖典を下し給い、それに先立つもの（モーセの律法とキリストの福音）の確証となし給うた。（三章二節）

（『コーラン』井筒俊彦訳　岩波文庫）

以下、本文で引用したコーランの表記については、同書にしたがっています。

聖典を下された預言者の名が、ここではマホメットと表記されています。かつてはこの言い方をしていたのですが、なるべく現地の呼び方に従おうということになって、現在はムハンマドと呼びます。

ユダヤ教、キリスト教、イスラム教と、時代が下がるにつれて、聖書の数も増えていく、という言い方をすれば、わかっていただけるでしょうか。

三つの宗教は一神教だといいました。それが証拠に、三つの宗教とも聖書として信じる『旧約聖書』の中に、「創世記」という部分があります。

世界はどのようにしてつくられたのか。そもそも世界は真っ暗闇だった。何も存在しなかった。そのとき神様が、「光あれ」、まず光が存在すべきだと命じた。神様がまず光をつくり、それからこの世界をつくった。山もつくり、谷もつくり、川もつくり、そして最後に人間をつくり出した。これに六日間かかったので、神様もさすがに疲れたのでしょう。七日目には休みました。ここから、一週間で最後の一日は休みということが出てきました。これが日曜日は休みということの起源です。

唯一絶対の神がこの世界をおつくりになったのだから、神様がその気になれば、この世界を滅ぼすことも簡単にできる、ということを意味します。

『旧約聖書』には、エデンの園という話も出てきます。

神様がおつくりになった人間であるアダムとイブが、エデンの園という楽園に暮らしていた。そこに知恵の木があって、その知恵の木の実を食べてはいけないと神様に言われていたのに、アダムとイブは蛇にそそのかされて、そこに生えている知恵の木の実を食べてしまった。食べた途端に知恵がついた。知恵がついて、アダムとイブは自分たちが真っ裸だったことに気がついた。二人は急に恥ずかしくなり、体の一部を木の葉っぱで隠しました。

その隠した姿を神様が見て、アダムとイブに知恵がついたことに気づきます。そういう知恵がなければ、恥ずかしいという発想もなかったからです。真っ裸で普通に歩いていたはずなのに、恥ずかしいところを隠した。そこで、「私が食べてはいけないと言った禁断の木の実を食べたな」ということになって、神様が怒り、神様の言いつけを守らなかった二人は、エデンの園から出て行けということになります。楽園追放です。ここから人間たちのいろんな苦しみが始まります。

エデンの園にいれば、働かなくても食べるものは幾らでもある。何にも苦労することがなかった。でも、知恵の実を食べてしまったことによって神様の怒りを買い、楽園から、言ってみれば天国から追放され、自分で働いて食べ物を見つけなければならなくなりました。

農業をして、土を耕し、農作物を自分でつくって食べなければいけない。そうでないと死んでしまう。女性は、苦しい思いをして赤ちゃんを自分で産まなければいけなくなった。産みの苦しみなど、人生のさまざまな苦しみはそこから始まったんだよということが、『旧約聖書』に書いてあります。

すべて、この世は神様がおつくりになったもの。唯一絶対の神の存在を信じること。これが三つの宗教の共通点なのです。

キリスト教徒の『聖書』は二つある

キリスト教徒にとって、聖書は二つあります。『旧約聖書』と『新約聖書』です。この「約」というのを、「訳」だと勘違いする人がいますが、違うんですね。「旧訳聖書」だと古い翻訳という意味です。「新訳」だったら、これは新しい翻訳という意味になってしまいます。そうではありません。

「約」というのは約束の約。旧約聖書というのは古い約束、新約聖書は新しい約束という意味なんです。では、古い約束、新しい約束とは、だれがだれと約束したのか。私たち人間が神様と約束をした、古い約束と新しい約束の聖書という意味です。

「古い約束」は、『旧約聖書』の中に出てくるモーゼが、人間の代表として、「神様を信じる」という約束を結んだ、というのがキリスト教徒の側からの見解です。

これに対して「新しい約束」は、人々が、神様から遣わされたイエス・キリストを通じて神様を信じると約束したことです。

旧約聖書とか新約聖書とかいう言い方自体は、キリスト教徒の言い方です。旧約聖書を信じているのはユダヤ人ですが、ユダヤ人たちは旧約聖書という言い方はしません。旧約聖書という呼び名は、キリスト教徒が勝手に言っているだけだ、ユダヤ人にとっては、これこそが唯一の聖書だということになるんですね。

一方、キリスト教徒に言わせると、ユダヤ人が信じている聖書と、イエス・キリストが現われてからの話が書いてある新約聖書、この両方を信じているのがキリスト教徒だということになります。

「ユダヤ人」とは何者か

ここで出てくるユダヤ人という言い方が、実はむずかしいのです。たとえば、アメリカ人やイギリス人、日本人というのは何かというと、その国の国籍を持っている人のことですね。でも、アメリカ人の中にも、キリスト教徒もいれば、ユダヤ教徒もいれば、イスラム教徒の人たちもいます。

一方で民族という考え方があります。たとえばアラブ人という言い方があります。民族ではアラブ人です。では、アラブ人とは何か。アラビア語を母語として話す人たちです。

ところが、サウジアラビアという国もあればヨルダンという国もある。あるいはレバノンという国もある。アラブ人だけど、レバノン人だったり、サウジアラビア人だったり、アラブ首長国連邦人だったりする。民族は同じだけど、幾つもの国に分かれています。

ユダヤ人は、ユダヤという国の国籍を持っている人のことではない。では、民族のことか。ところが、ユダヤ人は、ユダヤ語という共通の言葉を話している人たちではない。では、何なのか。

ユダヤ人というのは、ユダヤ人の母親から生まれた者と、ユダヤ教を信じている人のことです。アラブ人は、イスラム教徒とは限りません。アラブ人というのはアラビア語を話す人という意味であって、エジプトのアラブ人の中にはキリスト教徒も存在します。民族がイコール宗教ではありません。

ユダヤ人は民族として扱われますが、本当は「ユダヤ人の子どもと、ユダヤ教を信じている人」ということです。無神論者のカール・マルクスは、ユダヤ教を信じていませんでしたが、母親がユダヤ人だったので、ユダヤ人と呼ばれます。

いまのイスラエルに昔から住んでいたアラブ人がユダヤ教を信じるようになると、ユダヤ人と呼ばれます。アフリカには黒人のユダヤ人もいますし、中国にもユダヤ人はいます。

そのユダヤ教の教えの中に、やがて救世主が現れるという考え方があります。世界でいろんな混乱があるかもしれない。でも、やがては救世主が現れ、神様が私たちを救ってくれる。こういう考え方なのがユダヤ教です。

イエスはユダヤ人だった

今から二〇一〇年ほど前に、今のイスラエルという国のあたりでイエスという人が生まれ、やがて成長すると、ユダヤ教の改革運動を始めます。

ユダヤ教はみんな神様の前で平等だと言っているのに、実は平等でなかったり、いろんな矛盾があったりする。それはおかしい。ユダヤ教をもっと改革しようという改革運動が広がっていきます。

イエスが各地で奇跡を起こしたという話も広がり、イエスに従う人たちが大勢出てきます。これがどんどん大きな勢力になる。そうすると、それを気に食わない、おもしろくないと思うユダヤ教の人たちが出てきて、この地域を支配していたローマ帝国の総督に告げ口し、ローマ帝国によってイエスは捕まえられ、十字架に磔《はりつけ》にされて殺されます。

殺された後、遺体をお墓に入れた。三日たって信者たちが行ってみたら、お墓から遺体が消えていた。死んだはずのイエスがいなくなった、どうしたのだろうと騒いでいたら、イエスの信者の前にイエスが突然姿を現した。

これがイエスの復活です。

その後イエスは、天に上っていった。そこで、イエスの信者たちは、イエスこそがユダヤ教徒待望の救世主ではないかと考えるようになります。救世主をギリシャ語で「キリスト」といいます。イエスが救世主（キリスト）だと信じる人たちの教えが、やがてキリスト教と呼ばれるようになるのです。

キリスト教は、最初はローマ帝国によって弾圧されますが、やがてローマ帝国の皇帝自身がキリスト教に改宗します。今度は逆にキリスト教を信じなければいけないということになって、ヨーロッパ中に広くキリスト教が広がっていくようになります。

そのイエスはユダヤ人で、ユダヤ教徒。だから、もともとキリスト教というのは、ユダヤ教から始まったんだということになるんですね。

イエスが、磔になって殺される前に、信者たちにさまざまな話をしたり、行動して見せたりします。信者たちは、「イエスが私たちにすばらしい教えを話してくれた」と記録をまとめます。それを福音書といいます。「福」は幸せ、「音」の音は知らせという意味です。イエスの弟子たちが、イエスがどんなときにどんな話をしたのかということを、福音書という形で幾つにもまとめています。この福音書をピックアップしてまとめたものが『新約聖書』です。

神と人間の二つの約束

キリスト教徒の人たちは、イエス・キリストの教えを福音書としてまとめた段階で、それまでのユダヤ教徒が信じていた聖書は、神様との古い約束だと言って、『旧約聖書』と呼びました。一方で、イエス・キリストが私たちに話してくれたいろんなことをまとめたもの、この福音書を新しい聖書、『新約聖書』と呼ぶようになったんですね。

かつてユダヤ人に対して神様が、「おまえたち、私のことを唯一の神として信じるのであれば、みんなに住む場所を与えよう、みんなを守ってやろう」ということを言ってくださった。神様と約束をした。それをキリスト教徒の側から見ると、それは昔、神様と結んだ古い約束。

一方、イエスは、ただの人間であって、十字架にかけられて殺されたと思っていたら、復活をして天に上っていった。神様が私たち人間に遣わされた存在だ。神様が私たちを救ってくれるためにこの世に送り届けた救世主なんだということになれば、そのイエス・キリストの教えに従っていけば、それは神様と人間との新しい約束になるというわけで、これを『新約聖書』と呼ぶようになりました。

アメリカでは神の名を唱える

アメリカという国には、キリスト教徒が多いのですが、ユダヤ教徒もいます。ユダヤ教徒もキリスト教徒も、神様を信じているという点では同じですね。この世界は、唯一の神様がおつくりになったんだということに関しては、どちらも反対しません。アメリカの大統領が、演説の最後に「ゴッド・ブレス・ユー、ゴッド・ブレス・アメリカ」という言い方をします。「神様の恵みが皆様の上にありますように。神様の恵みがアメリカにありますように――」神様という言い方をする限り、キリスト教徒もユダヤ教徒もだれも反対をしないのですね。神様と言う限りにおいては、どちらも何の問題もありません。

でも、大統領が公《おおやけ》の場でイエス・キリストに言及すると、これはキリスト教徒にとっては問題なくても、ユダヤ教徒には通用しません。そこで、アメリカの大統領は、注意深く、イエスという名前を言うのを避けています。神様という言い方しかしないんですね。時々、演説の中で聖書からの文章を引用することがありますが、ユダヤ人に配慮して、『旧約聖書』の言葉を引用します。これならユダヤ教徒、キリスト教徒の双方とも納得です。

その点で言えば、イスラム教も、神様がこの世界をおつくりになって、私たちのすべてを神様に委ねようというわけですから、アメリカの大統領が「神様のお恵みがありますように——ゴッド・ブレス・ユー、ゴッド・ブレス・アメリカ」と言う限りにおいては、何の問題もないのです。

第3講

『コーラン』とは何か

『コーラン』の冒頭

駆け足で、ユダヤ教、キリスト教の流れを見てきました。理解しておいてほしいのは、三つの宗教の中で、イスラム教が最後に生まれた宗教であること、先行した二つの宗教と密接に関わっているということです。

では、ここからいよいよ、『コーラン』の話に入ります。そこに何が書かれているかについて話してゆきましょう。

『コーラン』の冒頭は、次のような文章です。

慈悲ふかく慈愛あまねきアッラーの御名《みな》において……
讃《たた》えあれ、アッラー、万世《よろずよ》の主、
慈悲ふかく慈愛あまねき御神《おんかみ》、

審《さば》きの日（最後の審判の日）の主宰者。
汝《なんじ》をこそ我らはあがめまつる、汝にこそ救いを求めまつる。
願わくば我らを導いて正しき道を辿《たど》らしめ給《たま》え、
汝の御怒りを蒙《こうむ》る人々や、踏みまよう人々の道ではなく、
汝の嘉《よみ》し給う人々の道を歩《あゆ》ましめ給え。（一章一節〜七節）

これが、『コーラン』の冒頭です。先ほどの『コーラン』からの引用では、「お前」が預言者ムハンマドで、「なし給うた」のが神でしたが、ここでは、「汝」が神であり、「我ら」は人間たちのことです。

ここに、『コーラン』の教えが凝縮されています。アッラーつまり神様は、慈悲深く、「審きの日」の主宰者として、人間を天国に送るか地獄に落とすか決める人。人間は、神様に救いを求め、人間が正しい道を歩めるように願わなくてはならない。

これが『コーラン』の教えです。

瞑想《めいそう》にふける男に「神の言葉」が

六世紀、日本でいうとおおむね聖徳太子の時代の西暦五七〇年頃、アラビア半島のメ

ッカという町にムハンマドという人が生まれます。父親はムハンマドが生まれる前に亡くなり、母親とも幼少期に死別し、父方の親類のもとで育てられましたが、「神の言葉を聞いた」と言い出すまでに、どんな生活をしていたのか、詳しい記録は残されていません。

二五歳のとき、ハディージャという女性と結婚します。ハディージャは当時四〇歳。未亡人でした。アラビア半島でとても成功した商人の奥さんだったのですが、ご主人が亡くなってしまって、独身でした。彼女は、自分のもとで働いていたムハンマドに魅了され、ムハンマドにプロポーズ。二五歳のムハンマドは、四〇歳の未亡人のハディージャと結婚をします。

ムハンマドには商売の才覚もあったようで、事業は発展します。

ところが、ムハンマドが四〇歳になると、メッカ郊外のヒラー山の洞窟で瞑想にふけることが多くなりました。なぜ瞑想にふけるようになったのか、その心の悩み、苦しみはうかがい知ることはできませんが、家族を山の麓《ふもと》に残して、一人で洞窟にいることが多くなったようです。

すると、ある日突然、何者かがムハンマドを羽交い絞めにして、「誦《よ》め」と命じたというのです。「誦め」というのは、「声に出して読め」という意味です。

ムハンマドは、当時の人としては珍しくないのですが、読み書きができませんでした。

そこで、「読めない」と答えましたが、声の主は、二度、三度とムハンマドに「誦め」と命じます。結局、彼は、言われた通りのことを声に出したというのです。

ムハンマドは怯《おび》えて逃げ帰り、妻のハディージャに、「こんな恐ろしいことがあった」と伝えます。妻が、この話を自分の従兄《いとこ》に伝えますと、従兄は、「ムハンマドは神の啓示を受けたのだ」と答えました。

これを機に、ハディージャは、最初の信者になります。その後も、ムハンマドには、何者かが語りかけます。やがて彼は、大天使ガブリエル（アラビア語でジブリール）が、神の言葉を伝えたのだと考えるようになります。

神の言葉は天使が〝通訳〟

神の声を聞く人間のことを「預言者」といいます。「予言者」ではありません。予言者は、未来を予言する人。これに対して預言者は、「神の言葉を預かる者」です。

しかし、神が直接預言者に語りかけることはなく、間に仲介者が入ります。神の言葉を、人間に理解できるように〝翻訳〟する存在です。それが、天使なのです。

レオナルド・ダ・ヴィンチの大変有名な絵に、「受胎告知《じゆたいこくち》」というのがあります。大天使ガブリエルがマリアの前に現れ、「あなたはおなかに赤ちゃんを授かりました。神様の子を授かったのです」と伝えるシーンを描いています。イエスの母マリアは、結婚の前に「神の子」を身ごもったことを、ガブリエルに告げられました。このシーンは、ヨーロッパで宗教画として、しばしば描かれてきました。

キリスト教でも、天使が神と人間の間の仲介役を務めていることが、これでわかります。

ムハンマドも、そのような構図の中で、「神の言葉」を聞いたのです。

神の言葉は、アラビア語でムハンマドに伝えられたのですから、アラブ人にしてみれば、自分たちのアラビア語は、「神に選ばれた言葉」ということになります。

神が最終の言葉を預言者に伝えた

では、なぜ神はムハンマドに啓示したのか、つまり神の言葉を伝えたのか。

それは、「以前にも伝えたのに、人間たちがきちんと守っていないから」ということになります。

かつて神は、ユダヤ人の指導者モーゼに対して、人間として守るべきルール（律法）を、「十戒」の形で伝えた。その後も、何回も預言者を選び、人間として守るべきことを神の言葉として伝えたが、ユダヤ人たちは、それを正しく守ろうとはしなかった。

そこで、今度はイエスという男を選んで神の言葉を伝えた。これは『新約聖書』という形になった。ところが、キリスト教徒も、教えを正しく守っていない。そこで、ムハンマドを最後の預言者と決め、人間たちが守るべきことを最終の言葉として伝えた、ということになるのです。

イエスもイスラム教では「預言者」

そうすると、イスラム教から見ると、イエスという人物も、神様の言葉をみんなに伝えたのだから預言者のひとりだということになります。

一方、キリスト教からすると、イエス・キリストというのは神様から遣わされた神の子です。神の子というのは、言ってみれば神様と同じ。神様と同じなのがイエス・キリストになります。

しかし、イスラム教から言わせると、唯一絶対の神様に子どもなんかいるわけはない。だからイエス・キリストは神様の子ではない、ただの人間だ。ただの人間だけど、神様の言葉を預かったということは、選ばれた人間であることに間違いない。預言者なんだという考え方になります。ですから、イスラム教徒の人たちにとっても、イエス・キリストは大事な預言者のひとりになります。

かつて、イスラエルが占領しているパレスチナの解放運動の指導者だったPLO（パレスチナ解放機構）の故ヤセル・アラファト議長は、イスラム教徒ながら、パレスチナにあるイエス生誕教会で、クリスマスのミサに毎年参加していました。欧米のキリスト教社会に対する政治的アピールだったのでしょうが、イスラム教徒がイエスの誕生日を祝うのは、おかしなことではないのです。

そのイエス・キリストを産んだのはマリアです。キリストを産んだマリアは、預言者を産んだ人だから、これは心の正しい人だ、心が清く正しい人なんだということになります。マリアは、アラビア語ではマルヤムと言います。アラブ世界に行くと、マルヤムという女性の名前によく出会います。ちょっと意外な感じがしませんか。

キリスト教とイスラム教は、戦争をしたり争いを繰り返したりしているようなイメージがありますが、イエス・キリストも神様の言葉を預かったとても大事な人なのです。イスラム教での預言者の扱いを見ると、ユダヤ教とキリスト教、イスラム教の関係が見えてきます。

過去に預言者は多数存在した

たとえば『旧約聖書』の中にノアの箱舟という物語があります。神様がせっかくアダムとイブをつくったのに、人間どもが勝手なことばかりしている。よし、人間たちをみんな滅ぼしてしまおうと神様はお考えになるんです。

でも、最後にちょっと思いとどまります。ノアという非常に心正しい、神様のことをきちんと信じている人物がいる。このノアだけは助けてやろう、ノアの一族は助けてやろうということになり、ノアに対して、「これから大雨を降らせて、世界を水浸しにして、人々を全滅させる。でも、おまえは心正しい者だから、おまえたちは生き延びられるように船をつくりなさい。そしてその船の中に、人間以外のさまざまな動物たちを一緒に入れなさい」と伝えます。これが「ノアの箱舟（方舟《はこぶね》）」の物語です。

つまり、ノアは神様の言葉を聞いたことになります。神様の言葉を聞いて、ノアは箱舟をつくります。その中に自分の一族を入れ、さらに世界中の動物たちを一つがい、オスとメス一頭ずつ一緒に入れます。すると雨が降り始め、四〇日間雨が降り続き、世界中は水浸しになり、ノアの一族と、ノアが船に入れた動物以外のすべての生き物が死に絶えます。この物語が、『旧約聖書』に出てきます。ノアは神様の言葉を聞いたわけですから、ノアも神様の言葉を預かった預言者だということになります。この物語は、イスラム教の『コーラン』の中にも出てきます。

あるいは、モーゼという人がいます。これもまた『旧約聖書』の中に出てきます。ユダヤ人たちがエジプトに捕虜として移住させられていたところ、神様が、そのユダヤ人の中でモーゼという人に、「私の言うことを聞いて、私の言うとおりユダヤの人々をエジプトから助け出しなさい、救い出しなさい」という言葉を伝えます。ということは、モーゼも預言者だということになります。

モーゼは、ユダヤの人々を引き連れてエジプトから脱出し、神様が与えてくれると約束してくれたカナンの地というところを目指します。そのカナンの地というのが、パレスチナと呼ばれ、今イスラエルという国ができているあたりです。

モーゼは、ユダヤ人たちを引き連れて、神様の言われたとおりカナンを目指します。途中で神から「十戒」を授かります。人間たちが守らなければならない規則です。「十戒」は、次のような内容です。

一、ヤハウェ以外を神としてはいけない
二、偶像を造ったり拝んだりしてはいけない
三、神の名前をみだりに唱えてはいけない
四、六日間働き、七日目は神のための安息日として働いてはいけない
五、父と母を敬え
六、人を殺してはいけない
七、倫理に背いた男女の関係を結んではならない

八、盗みをしてはならない
九、隣人についてウソの証言をしてはならない
十、隣人の家や財産などを欲しがってはいけない

最終的にモーゼは、「カナンの地」を見渡す丘の上までたどりついたところで、死んでしまいます。モーゼ自身はカナンに入ることができませんでした。ですが、モーゼに従ってきた人々が、神様が与えてくれた場所に住み着くようになります。それが今のイスラエルというところになるわけです。そこからまた中東問題というややこしい話が出てくるのですが、それはのちほど。

ということは、モーゼも神様の言葉を聞いたことになります。ノアもそうだし、イエス・キリストも、みんな神様の言葉を聞いた大事な預言者だというのが、イスラム教の考え方になるわけです。

「神の言葉」を書き記した

ムハンマドに伝えられた「神の言葉」は、あらかじめ天に書かれた原本が存在していて、それを神が天使ジブリール（ガブリエル）を通じてムハンマドに伝えたということ

になっていますね。「あらかじめ書かれている言葉を声に出して読め」という言葉になったのですね。「誦《よ》め」という意味です。

ムハンマドは読み書きができませんから、その神様の言葉を記録することができませんでした。「神様がこう言った」という内容を一生懸命覚えて、それをほかの人たちに伝えるようになりました。ところが、ほかの人たちの多くも読み書きができなかったので、それをみんな一生懸命覚えるようになったのです。『コーラン』は、朗々と読み上げるのが正式な読み方です。朗々と読み上げると、実にリズミカルで、耳に心地よい響きがします。これは、イスラム教徒にすれば、「神は美しい言葉を与えてくれた」という奇蹟《きせき》になるのです。

ところが、教えがだんだん広がっていくことによって、イスラムの教えを信じているムハンマドに従う人たちが増えてくると、それを快く思わない人たちもいて、さまざまな戦争が始まります。ムハンマドが亡くなった後、戦争が相次ぐうちに、「神様から伝えられたムハンマドの言葉」を一生懸命覚えていた人たちが、次々に戦死してしまいます。このままでは神様の教えをだれも伝えることができなくなるのではないか、これは大変だということになって、神様の言葉を記録し、まとめる作業が行われます。こうして完成したのが、『コーラン』です。

ムハンマドが亡くなった後は、ムハンマドに従ってきた信者の中から、アブー・バクルという長老が指導者（カリフ）に選ばれます。アブー・バクル亡き後はウマル、その次はウスマーンという人物がカリフに選ばれます。この三代目カリフのウスマーンが、ムハンマドの伝えた言葉を、数人の信者に命じて編纂《へんさん》させたと言われています。

『コーラン』の編集は、独特のもの

ところが、この記録の仕方が、一種独特です。ムハンマドは四〇歳のときに神様の言葉を聞いた後、少しずつ神様の言葉を聞いたといわれています。生涯の間に膨大な神の言葉を聞きました。であれば、最初に神様の言葉を聞いたことから順を追って一冊の本にまとめればいいと現代の私たちは考えてしまいますが、実際にはそうはなっていないのです。

ムハンマドが後半生に聞いた神の言葉から始まり、昔にさかのぼっていく形で、この本がまとめられています。では最初の神様の言葉が最後になっているかというと、そうもなっていないのです。神様が最初にムハンマドに伝えた言葉が最後のほうに出てきますが、一番最後ではありません。なので、一体どうしてこういう編集の仕方になったのか、今になってみればわからないのですが、神様の言葉がこのようにまとまったということになり、これをみんなが「聖なる書」として読んでいこうということになりました。

こうして、三つ目の聖書が生まれました。イスラム教徒からすれば、神様は『律法』を与え、さらに『福音書』を与えたにもかかわらず、人間どもは神様の言うことをちゃんと聞いていない。そこで、最後の最後に神様の言葉を伝えた、これが『コーラン』ということになります。

私たちは『コーラン』と発音しますが、実際には『クルアーン』というのが、本当の発音に近い言い方です。

『クルアーン』というのは、本来は、「声に出して読むべきもの」という意味です。

三つの教徒は「同じ経典《けいてん》の民」

かくして三つの聖書が誕生しました。イスラム教徒は、『旧約聖書』も『新約聖書』も『コーラン』も神の言葉として信じています。でも、神様が「これが最後の最後だよ」と言ってムハンマドに伝えた最後の『コーラン』が、本当の神の言葉ということになります。だから、『コーラン』さえ読んでいればいいということになります。

この『コーラン』の中に、ユダヤ教徒やキリスト教徒についても出てきます。意外に思うかもしれないけれど、ユダヤ教徒もキリスト教徒も同じ神様の言葉を信じている民だ、という言い方が出てきます。これを「経典の民」（啓典の民）と言います。

経典というのは、聖書のこと。同じ神様の言葉である聖書を信じている人々なんだから、この人たちも神様に助けてもらえる、という言い方が、コーランの中に出てきます。次の文章です。

また啓典の民（ユダヤ教徒とキリスト教徒）の中にも、アッラーを信じ、汝ら（回教徒）に下されたもの（『コーラン』）と、自分たちに下されたもの（『旧約聖書』『新約聖書』）とを（分けへだてなく）信仰し、アッラーの前に自らを低うし、アッラーの神兆（啓示）を安値で売り飛ばしたりしない（立派な者）もおる。そういう人たちは神様から報酬を戴ける。（三章一九八、一九九節）

ここで「回教徒」という表現が出てきます。岩波文庫の『コーラン』（井筒俊彦訳）が最初に出た一九五七年の頃には、イスラム教徒のことを、こう呼ぶこともありましたが、現在では、こういう言い方はしなくなっていますので、念のため。これは、中国のイスラム教徒のことを漢民族が「回」と呼んでいたことに由来します。

ここで、「神様から報酬を戴ける」というのは、要するに天国に行ける、という意味です。ユダヤ教徒も、キリスト教徒も、神様を真剣に信仰していれば、天国に行けると『コーラン』に書いてあるのです。

イスラム教徒は他の宗教の信者と結婚できるか?

同じ経典の民であれば、結婚もできます。イスラム教徒の男性は、同じ経典を信じているユダヤ教徒やキリスト教徒と結婚することができるのです。ユダヤ教徒やキリスト教徒も、同じ神様の言葉を信じている人だからです。

ただし、同じ経典ではない、つまりイスラム教徒でなく、ユダヤ教徒やキリスト教徒でもない人とは結婚するわけにはいかないのです。その場合は、結婚相手をイスラム教徒に改宗させてから結婚するしかないということです。ただし、イスラム教がインドまで伝わった際、ヒンドゥー教徒も仏教徒も「一神教徒」とみなすことになったので、ヒンドゥー教徒とも仏教徒とも結婚できます。

基本的にイスラム教徒はイスラム教徒同士結婚することが望ましいけれども、ユダヤ教徒でもキリスト教徒でも一神教徒なら構わない、ということです。

一方、イスラム教徒の女性は、イスラム教徒としか結婚ができないということになっています。なので、当然、イスラム教徒の女性が結婚する場合は、相手にイスラム教徒を選ぶし、相手がイスラム教徒でなかったら、イスラム教徒になってもらって結婚するという形になります。

こうみると、イスラム教というのは、同じ経典の民——ユダヤ教徒とキリスト教徒を、わりと近いものとして考えているということですね。ちょっと意外な感じがするでしょう？

イスラム教徒はユダヤ教徒やキリスト教徒と必ずしも宗教的に対立する、というわけではないのです。

第4講

ムハンマドと『ハディース』

『コーラン』は落丁が許されない

イスラム世界の書店に入ると、必ず『コーラン』を売っています。店頭で手に取ってみるとわかるのですが、簡単にページが開けます。日本の新刊書は、ページが簡単に開きませんね。だれもページを開いていないからです。ところが、『コーラン』は、あらかじめ各ページが一度開かれています。

どうしてか。神様の言葉が書いてある本だからです。もし、誤字脱字や、落丁といって、ページが抜けていたりしたら、とんでもないことになります。そこで、印刷が終わり、製本が終わったら、それを書店に出す前に、必ず人手をかけて、きちんと開いて、全ページがちゃんとなっているかどうかを調べるのです。確かめてから、書店に卸す方法をとっているので、出たばかりの本を開いても、すぐ開くのです。

『コーラン』は「神の言葉」のみ

この『コーラン』には、神様の言葉が書いてあることになっています。神様がジブリール、つまり大天使ガブリエルを通じて、ムハンマドに伝えた言葉をそのまま本にまとめたという形になっています。

「これ、おまえたち、こうなのじゃぞ」とか、「神を信じよ」とか、「神の言いつけを守っていれば天国に行けるぞ」とか、そんなようなことが書かれているものですから、物語を読むようなものではありません。

『旧約聖書』は、そもそも天地創造の物語だったり、アダムとイブの物語だったり、波乱に富んでいて、物語になっています。そもそも神様がどうやって人間をつくったのかとか、人間たちがどんな行いをしてきたのか、ということがまさに物語として書かれています。スケールも大きいし、ハリウッド映画になったりしています。

一方、『新約聖書』は、イエス・キリストがあるときにこんなことを言ったとか、こんな行動をとったという、イエス・キリストの言行録として書いてありますから、これはこれで、興味深く読めます。

それに比べれば、『コーラン』というのは、あくまで神様がムハンマドを通じて、人間たちに伝えたいことが書いてあるわけですから、物語性に富んでいるというものではありません。

ムハンマドの言行録もある

その代わりと言っては何ですが、ムハンマドの言行録も別にあります。それが、『ハディース』と呼ばれる書物です。ハディースとは、伝承という意味ですが、『コーラン』の注釈書という役割を果たしています。

『ハディース』の日本語訳は、中公文庫で全六巻ですから、大変なボリュームです。『コーラン』には、神様の言葉が書いてあるけれど、ムハンマドが亡くなった後は、神様の言葉を受け継ぐ人がいません。そこで、生前のムハンマドが、どのような生活をし、どんな行動をとったかを記録した『ハディース』を読み、解釈することで、後の信者の生活の指針にしようということになったのです。

ムハンマドは、キリスト教におけるイエス・キリストとは異なり、ただの人間です。『コーラン』に、次の文章があります。

ムハンマド（マホメット）も結局はただの使徒（ただの人間であって神や天使ではない）。これまでにも随分沢山の使徒が（この世に現われては）過ぎ去って逝《い》った。（三章一三八節）

ムハンマドも、結局はただの人間。もしムハンマドが間違ったことをしたら、神が改めさせたはずだ。何も言わなかったのであれば、それは神の意志に沿っていたのであろう。ムハンマドのような生活をしていれば、自分たちも天国に行けるのだ、という発想から、『ハディース』を研究するのです。

言ってみれば『コーラン』の解説書のような役割を果たしているのが『ハディース』です。『コーラン』だけを読んでいるとわからないことも、『ハディース』と読み合わせながらだと、わかるようになるということです。

イスラム世界では、『コーラン』を全部暗唱する、暗記している人が何万人もいるんです。毎日毎日これを声に出して読んでいるうちに、全部覚えてしまう。暗唱できる人が何万人もいます。さらに、それの何倍もの分量のある『ハディース』を、一字一句間違いなく暗唱している人もいます。驚くべきことですね。

アラビア語で読んで初めて「読んだ」ことに

『コーラン』はアラビア語で書かれています。神様が、ジブリールを通じてムハンマドに伝えた。だから、アラビア語で伝わったわけですね。ということは、アラビア語こそが一番聖なる言語だという考え方が、アラブの人たちにはあって、『コーラン』は、アラビア語で読んでこそ、本当の意味で読んだことになるという考え方なのです。

『コーラン』の日本語訳として代表的なものは岩波文庫のもので、三分冊になっています。しかし、『コーラン』を翻訳すると、それは「神の言葉」そのものではなくなってしまうということになります。

そこで、この日本語訳は、建前としては、『コーラン』に関する日本語の解説書という形になっています。

私は、日本語訳でしか『コーラン』を読んだことがないので、イスラム教徒に言わせれば、私は『コーラン』を読んだことにはならないのです。

『コーラン』がアラビア語の正統を維持してきた

『コーラン』がまとめられたのは、一四〇〇年近くも前のことです。アラブ世界のイスラム教徒は、子どもの頃からこのコーランを読むことを教わります。

ということは、一四〇〇年前のアラビア語を声に出して読むわけですから、この言葉遣いをみんなが習得します。つまり、一四〇〇年前のアラビア語が、今も生きているということです。

もちろん現代アラビア語は、かつての言葉から変化していますし、地域によって方言はありますが、正統な言葉遣いは、『コーラン』によって守られているのです。

第5講

イスラム教徒が守るべきこと

死んだらどうなるのか？

実際の講義で、高校生や卒業生にこんな質問をしてみました。

「人間が死んだらどうなると思う？　私たちは、いずれ死ぬよね。死んだらどうなるんだろう」

【生徒A】空に行く。

【池上】空に行くか、なるほど。それは、体ごと行くのか？　魂が行くの？

【生徒A】魂が。

【池上】体は残って、魂が空に行くんだ、なるほど。では、そちらのあなたは？

【生徒B】消えちゃう。

【池上】消えちゃう。じゃあ、もう何にも残らないということか。

【生徒B】魂がどっか行っちゃう。

【池上】千の風になるのかな。ご先祖様は、どうなっているんだろうって、思わないのかな。どうなんだろう。天国へ行く？　それとも地獄へ行く？

【生徒C】天国に行く。

【池上】天国に行く、地獄に落ちない？　大丈夫？　どう？

【生徒C】成仏して……。

【池上】成仏か、仏教用語が出てきたな。成仏というのは、仏になるという意味だよ。仏様になるんだ。それで、どうなるのかな。

【生徒D】何か、死んだら、さっき言っていた魂になって、空に行って、また新しい命に生まれかわる。

【池上】生まれかわる。君は自覚していないかもしれないけど、それは、仏教的な考え方だよね。輪廻転生《りんねてんしよう》と言って、死んだらやがてまた別の存在になって生まれかわってくる。別の人間になって生まれかわるかもしれないし、そうではなくて、ゴキブリになって生まれかわってくるかもしれない。これが仏教の考え方だよね。

正しい生き方をしていれば、次の、来世でもまた人間として生まれかわる。あるいは、もっともっと自分なりに修行し、悟りを開いていれば、極楽浄土に行くことができる。天国という考え方は仏教にはなく、浄土という考え方だね。

だけど、行いが悪いと、犬になったり猫になったりして生まれかわるかもしれない。これは仏教的な考え方なんだ。

あなたは、仏教徒という自覚はないでしょう？　でも、自然にそんな考え方が身についているのが、日本人なのかもしれないね。

「この世には終わりがある」という思想

でも、今学んでいるイスラム教は、だいぶそれとは違います。

ユダヤ教、キリスト教、イスラム教、この三つはいずれも、この世界は神様がおつくりになったという教えですね。ということは、神様がおつくりになった以上、どこかで必ず神様が、この世界を壊すことがあるだろうということが前提としてあるんです。

つまり、ある日、この世の終わりが来るという考え方を、いずれの宗教も持っているのです。世界の終わりが必ず来る。ある日突然、天使がラッパを鳴らして、地が割れ、天が裂け、この世の終わりが来るというイメージです。

この世の終わりが来た後、「最後の審判」が行われます。人は、ひとりひとり甦《よみがえ》って神の前に立たされ、天国に行くか、地獄に落ちるか、審判が下されるのです。人は「死んで」も、実は、「最後の審判」の日をひたすら待っているという考え方です。

ですから、イスラム教徒の場合は、最後の審判のときに甦ることができるように、身体を持っていなければいけません。そこで、死んだときに火葬はせず、土葬にします。そのままの形で埋めます。そうすれば、やがて甦ったときに体があるという考え方なんです。

この最後の審判の様子を、『コーラン』は、こう表現しています。

嚠喨《りゅうりょう》と喇叭《らっぱ》が鳴り渡れば（復活の瞬間の描写）、天にあるものも地にあるものも、愕然《がくぜん》として気を失う。アッラーの特別の思召《おぼしめし》による者以外は誰も彼も。次いでもう一度吹き鳴らされると、みな起き上ってあたりを見廻わす。大地は主《しゅ》の御光《みひかり》に皎々《こうこう》と照り輝き、帳簿（前出、一切の人間の運命を記入した天の帳簿）が持ち出され、すべての預言者、あらゆる証人が入場して来て、公正な裁きが始まる。誰も不当な扱いを受けることはない。誰もが自分のしただけの報いをきちんと頂戴する。誰が何をして来たか。（アッラー）が一番よく御存知《ぞんじ》。

罰当たりどもは群なして（これが本章の標題の意味）ジャハンナム（ゲヘナ）の方へと駆り立てられて行く。いよいよ彼らが到着すると、扉がさっと開いて門番が、「これ、汝らのところには、同じ血を分けた人間が使徒として遣わされて来て、神様のお徴《しるし》（啓示）を誦んで聞かせ、今日のこの日の対面を警告しておったはずではないか」と言う。「はい、その通りでございます。」しかし（時すでにおそく）無信仰のゆえに、天罰の約束はすでに真実《まこと》となってしまう。「さあ、ジャハンナムの門、さっさと中へはいれ。はいって永遠に住むがよい」と（門番）が言う。いやはや、散々威張りちらしていた者どものこれが哀れな末路というものか。

ところで主《しゅ》を懼《おそ》れていた連中は、これまた群なして楽園の方へと駆り立てられて行く。いよいよそこに到着すると、扉がさっと開いて門番が、「ようこそおいで。お前がたは見上げたものじゃ。さ遠慮なく中にはいって、常《とこ》とわまでも住まうがよい」と言う。（三九章六八～七三節）

「ああ有難や有難や。アッラーはわしらとの約束を果して下さった。わしらに大地を継がせ、この楽園の中どこなりと好きなところに住めるよう取りはからって下さった」と一同が言う。なんと結構なものか、（立派な）仕事に精出す者の戴く御褒美《ほうび》は。

玉座をぐるっと取り巻いて、声たからかに主《しゅ》の讃美を謳《うた》っている天使たちの姿が見えて来る。そしてみなが公正なお裁きを受ける。「讃えあれアッラー、万有の主《しゅ》」という声がどこからともなく湧き起る。（三九章七四、七五節）

ここで出てくる「ジャハンナム」というのは、地獄のことです。「最後の審判」の日について、実に生々しい具体的な描写があります。最後の審判というのは、明日来るかもしれないし、何万年後かもしれないし、何百年後かもしれないし、やがて最後の審判の日が来ると、死んでいた者はみんな甦り、神様の前にひとりひとり出て行って、そこで、天国に行くか地獄に行くかが決められるという考え方です。『コーラン』の中には、この話が、しばしば登場します。神様の言いつけを守って、正しい行いをしていれば、やがて死後、最後のお裁きのときに天国に行ける、悪いことをしていると、最後のときに地獄に行く。

人間の人生は、たかだか七〇年、八〇年ですが、その後、天国に行けば、何億年でもずっと永遠に、それが続くんだよと。この世は終わってしまってなくなるけれど、天国はずっと続く。だから、天国に行ければ、永遠の命が与えられて、永遠に楽しい生活を送ることができるよ。

しかし、地獄に落ちると、常に高温の熱で焼かれます。身体が生きたまま焼かれるわけだから、堪えられない苦しみです。でも、死なないのです。永遠の命が与えられているから、死んだら楽になるんだけど、死ねません。焼かれる苦しみでもだえ続けるのが地獄なんだというイメージが、繰り返し『コーラン』の中に出てきます。

天国は、どんな場所なのか

一方、では天国はどういうところか。コーランには具体的に書いてあります。

敬虔《けいけん》な信者に約束された楽園を描いて見ようなら、そこには絶対に腐ることのない水をたたえた川がいくつも流れ、いつまでたっても味の変らぬ乳の河あり、飲めばえも言われぬ美酒の河あり、澄みきった蜜の河あり。その上、そこではあらゆる種類の果物が実り、そのうえ神様からは罪の赦《ゆる》しが戴ける。（四七章一六、一七節）

きれいな川があって、腐らない水が流れている。『コーラン』の別の場所では、涼しい木陰があるという表現もあります。砂漠のあるアラビア半島に住む人にとっての天国が、どんなイメージなのか、よくわかる表現です。

また、お酒が流れる川があって、お酒は幾らでも飲める。天国のお酒というのはとっても質がいいので、幾ら飲んでも酔わないのだそうです。酔わない酒を飲んで何が楽しいのかと、きっとお酒が好きな人は思うんでしょうが。質がいいので、翌朝、目が覚めたら頭が痛いなんてことがないということですね。

人間の行動は常に見守られている

イスラム教では、みんなが生きている間に、右肩の上と左肩の上に二人の天使がいて、常に私たちの行動を見守っているというのです。

なぜ二人いるのか。二人の天使は善行と悪行をそれぞれ記録する係です。やがて最後の審判の日が来ると、天使の記録にもとづき、いいことの量と悪いことの量を秤《はかり》にかけます。秤にかけて、いいことのほうが多ければ、天国に行けます。悪いことのほうが多かったら、地獄に落ちます。

だけど人間、すべていいことばかりを実行するのはむずかしいですね。わかっていても悪いことをすることがあります。だから、悪いことをやらないようにとは書いてあるけれども、悪いことを一切しないなんてことは、人間ができっこないということは、神様はお見通し。だから、悪いことをするのは仕方がないけれども、それ以上にいいことをたくさんしなさい。結果的に、いいことのほうが多ければ天国に行けるんですよというとが書いてあるのです。ただし、アッラー以外のものを拝むことは決して許されません。

「ジハード」で死んだ者はすぐに天国に

イスラム教では、「ジハード（聖戦）」という言葉がよく問題になります。「ジハード」で死んだ者は必ず天国に行けるという考え方です。『コーラン』に、次のような文章があるからです。

またアッラーの道に（回教の信仰のために）故郷を棄《す》てて（メッカを棄ててマホメットとともにメディナに移ったこと）、その後（戦いで）殺されるか死ぬかした人々、そういう人々にはアッラーが素晴しい日々の糧をお授けになろう（天国で暮させて下さる、ということ）。そういう人々にたいする、アッラーの養いぶりはまことに至れりつくせり。実にいい気持の所（エデンの楽園）に入れて戴けよう。何しろアッラーは一切を知り、限りなく情ふかくおわすゆえに。（二二章五七、五八節）

ここで言う「アッラーの道」とは、イスラム教を守るための戦い、という意味です。あるいは、こんな文章もあります。

アッラーの御為めに殺された人たちを決して死んだものと思ってはならないぞ。彼らは立派に神様のお傍《そば》で生きておる、何でも充分に戴いて。あの人たちはアッラーが授けて下さったお恵みに感激し、またいまだ彼らのところまでは来ていないが、後からついて来ている人たちのためにも大いに喜んでおる。もうそういう人たちには何も恐ろしいことはないのだし、悲しむこともないのだから。あの人たちはアッラーの恩寵《おんちょう》と御厚意をしみじみ有難いと思い、アッラーが信者への報酬だけはどんなことがあっても決してふいになさらないことを嬉《うれ》しく思っておる。（三章一六三〜一六五節）

イスラム教のための戦いで死んだ者のことを悲しむことはない、正しいことのために死んだ者は今、アッラーのもとにいるのだから、ということです。

イスラムを守るための正しい戦いをして死んだ人は、今、アッラーのもとにいるということは、もう天国に行けたということですね。一般の人は、死んだ後、「最後の審判」の日まで、ひたすら地下で眠って待っていなければいけないけれども、イスラムの教えを守るために戦った、聖なる戦いで死んだ者はすぐに天国に行けるんだという考え方が、ここから生まれます。言ってみれば、天国への特急切符です。

「ジハード」とは「イスラムのための努力」のこと

ただし、「ジハード」という言葉を日本語で聖戦と訳していますが、もともとジハードというのは、努力という言葉から生まれています。イスラム教を守るための努力をするということが、ジハードということです。

イスラム教を守るための努力には、いろいろなことがあります。自分がイスラム教の教えを守るということも努力＝ジハードのひとつです。また、イスラム教徒が住んでいる土地に、異教徒つまりイスラム教徒以外の人たちが攻めてきて、そこが占領されてしまったら、占領を食いとめる、イスラム教徒の土地を守る努力というのもジハードになるということです。

結果的に、イスラム教徒の土地に異教徒が攻め込んできたら、そこで自分たちを守るために戦うこと、これもジハードになります。それは聖なる戦いになる。そこで聖戦という英語や日本語の訳語が与えられるようになりました。やがては戦争の過程で、ジハードは単に「戦う」という意味でも使われるようになりました。

この聖戦の中で死んだ者は、すぐに天国に行けるということが、ここから生まれてくるわけですね。

中東問題というのは、パレスチナというイスラム教徒の土地に、イスラエルというユダヤ人の国ができたことから始まります。そこで、イスラム教徒の土地を守るために、パレスチナ人が、ユダヤ人あるいはイスラエル軍と戦うことは、聖戦になります。イスラム教徒の土地を守ることですから。これは世界中のイスラム教徒が、聖なる戦い、ジハードだということを認めています。

ただし、無制限の戦いが認められているわけではありません。『コーラン』に、次の一節もあるからです。

汝らに戦いを挑む者があれば、アッラーの道において（「聖戦」すなわち宗教のための戦いの道において）堂々とこれを迎え撃つがよい。だがこちらから不義をし掛けてはならぬぞ。アッラーは不義なす者どもをお好きにならぬ。（二章一八六節）

「自爆テロ」はジハードか？

さあ、そこで問題は、自爆テロです。自爆テロは聖戦か、という問題です。

私たち人間は神様がおつくりになりました。すると、私たちの命、寿命というのは、神様がお決めになっているはずだ。自殺というのは、人間が勝手に自分の命を途中で止めてしまうことです。これは、神様の意思に従っていないということになります。神様は、私たち人間をおつくりになり、寿命を定めてくださった。その寿命を全うすることが、神様の言うことを守ることになるわけです。だから、自殺は絶対にしてはいけないことなのです。これは、キリスト教も同じです。自殺した者は地獄に行くということになっています。神様の意思に背いたわけですから。イスラム教徒でも、自殺をすれば地獄に行くことになっています。

すると、自爆テロはどうなのかということになります。聖なる戦いをすれば天国に行きます。でも、自殺をすれば地獄に行く。では、自爆テロ犯は、どちらに行くのかという大問題が出てきます。

自爆テロとは、敵を殺すために自分の身を犠牲にするということです。たとえば、パレスチナの過激派だと、自分の体に爆弾を巻いて、イスラエル軍が大勢いるところで爆弾を爆発させます。ユダヤ教徒の安息日は金曜日の日没から土曜日の日没までです。イスラエルは徴兵制度がありますから、男性も女性も、一度は兵士になります。この人たちは、金曜日夕方になると休みがもらえるので、みんな家に帰ります。そのために路線バスはイスラエル軍の兵士たちでいっぱいになっています。そこを狙って、パレスチナの過激派がバスに乗り込んで爆弾を爆発させれば、大勢のイスラエル兵を殺すことができます。それは聖なる戦いになる、と考えます。自分たちは天国に行けるんだという考え方があるんですね。

過去にイスラエルでは、自爆テロ犯が大勢の人でにぎわうレストランに入り込んで、爆弾を爆発させるテロ事件が何件も起きています。このときに、自爆テロ犯の自爆行為を、すぐ近くで見ていた人がいます。テロに巻き込まれて怪我《けが》をしたけれど、命をとりとめた人がいるわけです。そのとき、自爆テロ犯がどんな表情をしていたのかを見た証言があります。テロ犯は爆弾を爆発させる瞬間に、恍惚《こうこつ》とした笑みを浮かべていたというのです。怖いことですね。

でも、その一方で、自殺をした者は地獄に行くはずです。自爆テロというのは、自殺攻撃だ。自殺をするということは、神様から与えられた命を粗末にすることだから、あの連中は地獄に行っているはずだという考え方もあるんです。

残念ながら、自爆テロ犯がその後、どうなったかはわかりません。自分たちは天国に行けるんだと思って爆弾テロをやったけれど、気づいたら地獄にいた、ということになっているかもしれません。

ただし、自爆テロという考え方は、こうして生まれてきたのです。

ここで、教室から質問がありました。

【生徒B】　自爆テロについての質問です。自殺をすることがよくない、神様が決めた寿命を全うするのを途中でやめてしまうことだから、地獄に落ちるというところはわかったんですけれど、それでは、自爆テロをして、ほかの人の命を絶つことは、それはよくないことにはならないんですか？

【池上】いい質問をしてくれたね。たとえば、バスの中で自爆して、イスラエル兵ばかりが死ぬんだったら、それは敵を殺したことになるから聖戦ということになるかもしれないけど、たまたまそのバスの中に、パレスチナの女性や子どもが一緒に乗っていて犠牲になるかもしれないよね。それはもちろん、敵ではない。一般の人を殺す、人を殺すということはいけないことです。

だけど、テロをやる連中にしてみると、聖なる戦いのために犠牲になったんだから、それは仕方がない、その人たちも天国に行けるんだ、という考え方なんです。勝手な考え方だよね。だけど、そういう考え方だということです。

かつて、オウム真理教という宗教集団があったでしょう。オウム真理教が地下鉄サリン事件を引き起こしました。あれは、オウム真理教という自分たちの宗教集団を国家権力が弾圧しようとしているから、そのために戦うんだ。サリンをまけば、多くの人が死ぬけれども、その人たちは、私たちの正しい行動によって死んだんだから、その人たちも、輪廻転生の中で、次の生を享《う》けたときに、高いステージに上がれる、という発想があったのです。

極端な宗教思想は、結果として、大変自分勝手な考え方に陥りやすいのです。「正しいテロのためなら、巻き添えも仕方がない」という、「目的は手段を正当化する」というテロリスト一般の考え方とも共通する発想です。

イスラム教徒が守るべき五つの行い

私たちの人生は、かりそめの人生。たまたま神様から与えられた、たかが七〇年、八〇年の人生であって、その後のほうが長い。その後をどう過ごすことができるのか。天国に行けるのか、地獄に行くのか。行いを正しくすれば、天国に行ける。その正しい行いとはこういうことですよ、ということが『コーラン』に書いてあります。それをまとめると、イスラム教徒が守るべき五つの行いがあります。

五つの行いの一つは、信仰告白です。「アッラーのほかに神はなし、ムハンマドは神の使徒なり」と、これを必ず言うということです。

イスラム教徒になる方法は簡単です。イスラム教徒が二人、証人としていてくれて、その目の前で、「アッラーのほかに神はなし、ムハンマドは神の使徒なり」とアラビア語で唱えれば、イスラム教徒になれるのです。

アッラーのほかに神はなし、つまりアッラー、唯一の神こそが神であって、それ以外に神様なんかいないんだよと。唯一の神様だけを私は信じます。そして、その唯一の神様の言葉を預かったのがムハンマドですよ。ムハンマドが神様の言葉を預かったんですよ。そういうことを私は信じていますよと、常に言うこと。これが信仰告白です。イスラム教徒が守るべき五つの行いのうちの最初の一つです。

二つ目が、礼拝です。一日五回の礼拝をするということです。最初は、夜明け前です。太陽が上る前に一度お祈りをします。二回目のお祈りは、昼過ぎです。お昼過ぎにお祈りをいたしましょう、ということになっています。

それから、午後、大体三時ぐらいのイメージですけれど、午後にやっぱりもう一度、お祈りをいたしましょう。それから日の入り、日の沈んだ直後にもう一度お祈りをいたしましょう。そして夜寝る前、もう一度お祈りをする。これで一日五回です。

これをやらなければいけませんよということになっています。イスラムの世界の国に行くと、夜明けの直前、あちこちのモスク（イスラム教徒がお祈りする場所）のミナレットという高い尖塔から、お祈りをしなさいという呼びかけが流れます。これをアザーンと言います。

イスラム世界に入った翌朝、このアザーンで目が覚めます。ああ、イスラム世界に来たんだなと感じる瞬間です。

では、なぜ五回のお祈りなのか。『ハディース』の中に、次のような説明があります

（『ハディースI』牧野信也訳　中公文庫より）。

ある日、ムハンマドが天使ジブリール（ガブリエル）に連れられて天に上り、神の言葉を聞きます。神は、ムハンマドに対して、人間たちが一日五〇回の礼拝をするように伝えます。すると、天で出会ったムーサ（モーゼ）が、「信徒たちは、とても守れないから、回数を減らしてもらうように神に頼め」とムハンマドに勧めます。そこでムハンマドが神のもとに戻り、回数を減らしてもらいます。これを二度繰り返し、回数は四分の一に減るのですが、とうとう神は、「これは五回の礼拝であるが、五〇回に相当する。わたしのもとで言われた言葉に変更はない」と申し渡しました。

ですので、五回のお祈りで、五〇回分の礼拝をするのだ、ということになります。

では、お祈りはどちらの方角に向かってするのか。ここで出てくるのがメッカです。メッカの方角に向かってお祈りをしなさいということです。

もともとムハンマドは、アラビア半島のメッカというところで生まれました。メッカで生まれて育ち、イスラム教の教えを始めたんですが、これをおもしろく思わない人たちがいました。ムハンマドは迫害され、メッカにいられなくなります。この結果、メッカから離れたメディナという町に移ります。ムハンマドに信者たちも従います。これを聖なる引っ越し、「聖遷《せいせん》」といいます。アラビア語で「ヒジュラ」です。

イスラム暦の始まり

メディナに本拠地を移したときからイスラムの暦が始まります。これをヒジュラ暦といいます。イスラムの暦の元年になります。イスラム暦は太陰暦ですので、私たちが使っている太陽暦とは異なり、毎年少しずつずれていきます。

ちなみに、西暦二〇一〇年は、イスラム暦（ヒジュラ暦）で一四三一年に当たります。正確に言えば、一四三一年は、西暦二〇〇九年の一二月一八日から始まり、二〇一〇年の一二月七日頃までです。

メディナに移った後、メディナの住民の多くがイスラム教徒になり、ムハンマドの勢力は拡大します。遂にムハンマドは、メッカに戻ってきます。

当時のメッカには神殿（カアバ神殿）があって、いろいろな神様が拝まれていました。それぞれの人々が、いろんな神様を祀っていて、そのためのさまざまな神様の像が三六〇体もあったと言われています。

ムハンマドがメッカに攻め込むと、人々は抵抗せずに無血開城。そこでムハンマドは、これらの像をことごとく破壊してしまいます。こんなものは偶像だ、偶像を信じてはいけないというのです。『コーラン』には、こう書いてあります。

アッラーは、御自分が他の（偶像）と一緒にならべられたら絶対にお赦しにはならない。だがそれより手前のことなら（多神崇拝ほど重くない罪ならば）気のお向きになった者には赦して下さりもしよう。アッラーに仲間を認める（アッラーとならべて他の神を同時に拝む）ような者はまことに恐るべき罪を犯《おか》したことになるぞ。（四章五一節）

偶像崇拝は許されない

たとえば仏教ですと、仏像をつくって、そこに向かってお祈りをします。キリスト教のなかにも、教会に十字架にかけられたイエス・キリストの像があったり、マリア像があったりして、そこに対してお祈りをします。しかし、こうしたことは、いずれも偶像崇拝だ、そんなことは許されないというのが、イスラム教徒の考え方なんですね。

ただし、ユダヤ教にも偶像を信じてはいけないという教えがあります。偶像崇拝はいけないという意味で言うと、ユダヤ教とイスラム教は同じ考え方だということです。

そもそもイスラム教を広めたのはムハンマドです。ですから、私たちの感覚で言うと、ムハンマドの像をつくって、ムハンマドにお祈りをするという発想が生まれそうですが、イスラム教では、そんなことはありえません。ムハンマドは人間なんだから、人間を拝む必要はない。神様だけを拝んでいればいい。

しかし神様は、この世をつくった偉大なる存在ですから、人間などに神様の像などつくれるわけがない。神様の絵なんか描けないし、神様の像なんかつくれっこない。だから、そんな偶像なんかやめて、ただお祈りをすればいいんですよということになっているのです。

ムハンマドは、このメッカのカアバ神殿のさまざまな偶像を全部打ち壊しましたが、お祈りをする中心地のカアバ神殿は、そのままにしておきました。その結果、世界中のイスラム教徒は、メッカの方角に向かってお祈りをするのです。一日五回、お祈りはメッカの方角に向かってしています。

でも、外出していて、メッカの方角がわからなくなると困ります。そこで、イスラム世界では、メッカの方角を指し示す矢印が掲示してあります。この矢印を「キブラ」といいます。イスラム世界のホテルに泊まると、部屋の中に矢印が描いてあります。机の上にあったり、天井にあったり。こっちがメッカの方角だよということを教えてくれるんです。

恵まれない人に喜捨《きしゃ》を

三つ目にやるべきこと、それが「喜捨」、「ザカート」です。要するに寄附をしなさい、あるいは、恵まれない人のためにお金を恵みなさい、ということです。

世の中には恵まれない人たち、困っている人たちがいる。その人たちのために、お金を寄附する、恵んであげなさいということが、『コーラン』の中にしばしば出てきます。

たとえばイランに行きますと、テヘランの街角、あちこちの交差点ごとに、小さな郵便受けのような箱が設置してあります。これが、喜捨のための箱です。そこにお金を入れて、それを集めて、恵まれない人のために使うという方法があります。

喜捨の目安は、自分の収入の大体二％から二・五％くらいです。これを国の仕組みにしているところもあります。収入のうち、二％から二・五％を国が吸い上げます。ある種の税金です。そのお金は、必ず困った人のために使いますという仕組みです。

現世で財産の一部を差し出すことで罪を浄化し、来世での報酬を増やすという意味合いがあります。

その結果、イスラム圏の人にお金をあげても感謝されないという事態が、しばしば起こります。私たちの感覚で言うと、お金をあげたんだから感謝されるだろうと思いますね。「ありがとうございました」と言うかと思いきや、そうではないことがあります。その人たちにしてみれば、「私は、あなたに喜捨するチャンスを与えた」ということになります。

お金をくれたあなたは、お金を私に恵むことができた、あなたはそれだけ天国に近づいた。私はあなたに対していいことをしたわけだから、お金をもらったからといって、お礼を言う筋合いはない、という考え方です。

困っている人にお金を恵むということは、とても大事なことだけど、お金を恵んであげればお礼を言われるだろうということを期待してはいけないよ、ということです。

一年に一か月は断食を

四つ目は断食です。食事をしないということですね。一年に一回、「ラマダーン月」というのがあり、この月は、一か月間、断食をする必要があるのです。一か月の断食と聞くと、「死んでしまうよ」と思うかもしれませんが、完全な断食というのではありません。日の出の約一時間半前の夜が白み始める頃から日没までの間、食べたり飲んだりしてはいけない、というものです。

イスラム暦は太陰暦ですので、毎年毎年、暦がずれていきます。この断食月というのは、イスラム暦の第九の月。九月ではあるのですが、毎年時期がずれていくので、断食月は冬に来たり、夏に来たりします。

ラマダーンの二九日または三〇日の間は、夜明け前から日の入りまで食事をしてはいけないというのが断食です。これを守らなければいけない。イスラム教徒にとって守るべき四つ目は、この断食ということになります。『コーラン』には、こう書いてあります。

これ信徒の者よ、断食も汝らの守らねばならぬ規律であるぞ、汝らより前の時代の人々の場合と同じように。(この規律をよく守れば) きっとお前たちにも本当に神を畏《おそ》れかしこむ気持が出来てこよう。(この断食のつとめは) 限られた日数の間守らなければならぬ。(二章一七九、一八〇節)

夜明け前から日の入りまでの間、食べてはいけないということです。そんなことができるのか。みんなは、その対策をとります。断食月の間は、みんな朝早く、日の出前に起きてきます。当然、日の出の前に一回目のお祈りをしなければいけないわけですから、そこで食事をたくさん食べるんです。

でも、日の出前だから、まだ出勤時間や登校時間には間があります。そこで、食べた後、もう一眠りするわけですね。

その後、日が沈むまでの間は、一切食事をしてはいけません。ものを飲んでもいけないんです。飲食が禁じられていますから、ジュースもコーラも、水も飲むことができません。とても敬虔な、教えは絶対に守らなければいけないという人は、自分の唾ですら飲まないようにしているのだそうです。

その代わり、日が沈んだらもういいわけですから、みんな盛大に飲み食いをするわけです。一日何も食べなかったわけだから、たくさん食べたり飲んだりをするのです。

というわけで、実は断食月の一か月間に消費される食料は、ふだんの月よりも多くなるそうです。不思議なものですね。断食月のほうが、ほかの月よりも食事の量が多くなるのですから。ラマダーンのときは、みんなで一緒に食事をすることが望ましいとされています。こういうときに、大きな会社だと、社長が、喜捨として、社員みんなに食事をおごります。空き地にテントを張り、みんなが座って、社長が用意してくれた食事をみんなで食べるという行事がよくあります。おなかがすいていた人たちが飲み食いするわけですから、もうお祭り騒ぎ。ラマダーンの一か月というのは、毎晩お祭り騒ぎです。みんなで楽しく食べたり飲んだりをするということなんですね。

ラマダーンで信仰心を高める

では、何でそんなことをするのかと思うでしょう。それは、私たちがイスラム教徒ではないから、そういう疑問を持つんですね。そう考えるとわかりやすい。イスラム教徒はそういう疑問を持ちません。

何で断食しなきゃいけないのか？　だって、『コーラン』に書いてあるから。神様がそうしなさいっておっしゃったから。話は簡単です。宗教ってそういうものなんですね。なぜなのだろうって考えるんじゃなくて、神様がおっしゃったんだから、その通りにするよと、それだけのことなんですね。

だけど、何でそんなことをするんだろうってことは、いろんな人が考えるわけですね。断食をするということは、一日朝から晩まで食事ができない。世の中には、食べる物がない人もいるんだよ、食べたり飲んだりすることができない、かわいそうな人たちがいるんだよということを、自分たちも一度、体験してみましょう。そうすれば、そういう人たちへの思い、優しい心も出てくるでしょう。そして、神様の言いつけを守って、神様の言いつけどおりの生活をしているんだよと思うことによって、神様のことを信じなければいけないなという信仰心が、一段と強化されるという働きもあるのではないかと考えられているのです。

そもそも「神の言葉」が最初にムハンマドに下されたのがラマダーン月だったということもあり、ラマダーン月にはイスラム教徒の人たちの信仰心というのが、ふだんよりもより一層強くなります。だから、アメリカが湾岸戦争やイラク戦争のときに、ラマダーン中は攻撃を避けるという方針がありました。ただでさえイスラムの信仰が一段と強まっている時期に、異教徒から攻撃されたとなると、怒りも尋常ではないから、この月は避けておこうという判断があったのです。つまりイスラム世界では、断食月がいつかによって、戦争をする日にちが決まってきたりすることもあるんだということです。

私は、もともとイスラム教徒の土地です。とはいえ、世界的な観光地で、イスラム教徒以外の人たちも大勢来るわけですから、ラマダーンだとは言っても、街で飲み食いすることはできるだろうとたかをくくっていたんですね。これが大失敗。外へ出て、ショッピングセンターへ行って、スターバックスでコーヒーでも飲もうと思ったら、見事にスタバが閉まっている。どこも開いていません。食堂がすべて閉まっているんですよ。

カルフールという、フランス系のスーパーマーケットに行ったら、当然、食べ物がいっぱい売っている。それは日没になってからみんなで食べるためのものを売っているんです。断食明けに、最初に食べる食事を「イフタール」というんですが、イフタール用の甘いお菓子というのをいっぱい売っているんです。地元の人の目がありますから、これを食べるわけにはいかない。おいしいものを売っているんだけど、食べることができない。

困ったなと思って歩いていたら、中華料理店が一軒ありました。みんな店が閉まっているのに、そこだけなぜか、中国人の従業員が店の前に立っています。ハハーンと思って、小さな声で、「食べられる？」と聞いたら、オッケー、入れ入れという返事でした。

街中では、たとえ外国の観光客ですら、大っぴらに食べたり飲んだりすることはできません。でも、働きに来ている中国人はイスラム教徒ではないので、そんなことは関係ないし、海外からの人もいっぱいいるものだから、そういう人たちのために店を開けつつ、店の中が外から見えないように、カーテンで隠していたのです。中に入ってみたら、欧米からの観光客でいっぱいでした。

この日の夜、タクシーに乗りました。ドバイのタクシー運転手は、多くはパキスタンからの出稼ぎ労働者です。外国人労働者によって支えられている国だからです。パキスタンから来たタクシー運転手の車に乗ったら、運転手が、突然途中でガソリンスタンドで止まり、併設のコンビニに駆け込みました。

運転手は、菓子パンを買ってきたのです。運転を再開して、菓子パンをむさぼるように食べています。私が思わず、「それ、ひょっとしてイフタールかい？」と聞くと、「そうだ」という答えでした。パキスタンもイスラム国家。パキスタンからの運転手も、日中は断食を守っていたのですが、日没になっても食べる暇がなかったので、我慢できなくなり、お客さんがいたけど、パンを買ってきた、というわけだったのです。

昼間、何も飲み食いができなくなると、みんなおなかがすいて、イライラしますね。

その結果、自動車事故が増えるのです。ラマダーンの期間中、イスラム世界では自動車事故が非常に増えます。気をつけてくださいね。

教えを守れないときはどうするか

ラマダーンだけれども、できない、やらなくてもいいよというケースもあります。『コーラン』には、こう書いてあります。

但《ただ》し汝らのうち病気の者、また旅行中の者は、いつか他の時に(病気が直ってから、或《ある》いは旅行から帰った後で)同じ数だけの日(断食すればよい)。また断食をすることが出来るのに(しなかった)場合は、貧者に食物を施《ほどこ》すことで償《つぐな》いをすること。しかし(何事によらず)自分から進んで善事をなす者は善《よ》い報《むく》いを受けるもの。この場合でも(出来れば規律通りに)断食する方が、汝らのためになる。もし(ものごとの道理が)汝らにはっきりわかっているならば。(二章一八〇節)

無理にしなくても、いい。ただし、断食しないのであれば、代わって償いをしなさい、ということです。

また、子どもは断食をしなくてもいいのです。成長期の子どもは食事しないわけにいかないから、子どもは断食する必要はありません。妊婦も赤ちゃんのために栄養をとらないといけないから、断食する必要はありません。

旅行者も断食する必要はないと書いてあります。当時は、ラクダで砂漠を延々と行く旅ですから、旅行といっても大変つらかったわけですね。体力が非常に必要だった。その時代に、食べたり飲んだりを一切しないというのは、危ないことだったので、旅行者は断食をしなくてもいいですよと『コーラン』に書いてあります。

こう見ると、イスラムの教えは、結構柔軟であることがわかりますね。日本に住んでいるイスラム教徒の多くは、断食の教えを守っていますが、日本に旅行で来たよというイスラム教徒の中には、例外規定に当てはまるから飲み食いしてもいいと考える人もいるということです。

「これを守らなければいけない」という教えはあるけれど、何が何でも守りなさいということではありません。人間って弱いもんだから、守れないことがある。守れなかった場合は、その代わりのことをすればいいんだよということです。柔軟な教えの宗教、それがイスラム教です。

メッカへの巡礼を

五番目に守るべきこと、それがメッカ巡礼です。一年に一回、巡礼月というのがありまして、このときにメッカに行って、カアバ神殿で神様にお祈りをすること、これをすることが望ましいとされています。

もちろん、毎年行くことが望ましいけれど、無理にしなくてもいいのです。ただ、せめて一生に一度は、メッカに行くことが望ましいということになっています。

アラビア付近に住んでいる人には大変でなくても、インドネシアやマレーシア、シンガポールから、わざわざサウジアラビアのメッカまで巡礼に行く人がいます。大変なお金をかけて行きます。

そうやって巡礼を果たした人には、男性なら「ハーッジュ」、女性なら「ハーッジャ」という称号が与えられます。巡礼から帰ってくると、知人や近所の人から、そう呼ばれるのですね。「イスラム教徒の務めを果たした」という満足感があるようです。

メッカ巡礼は、全員が持ち物を全部預けて、男性は白いシーツのようなもので体を覆いまして、カアバ神殿に行ってお祈りをします。つまり、金持ちも貧乏人も、一切、そんな違いがなくなります。肌の色も関係なく、すべての人が神様の前で平等なんだとい

中央四角のカアバ神殿を回巡する巡礼者たち

うことを実感するのです。

何百万人もの人がここに集まってきて、肌の色なんか関係ない、財産があるかないかなんてことも関係ない、人間はすべて神様の前では平等な存在なんだということを認識するということです。世界中どこにいる人でも、同じイスラム教徒なんだよという連帯感が強まるということもあります。そういう働きがあるのが、メッカ巡礼です。

豚肉を食べてはいけない

五つの行い以外に、逆に「やってはいけない」ということが幾つかあります。豚肉を食べてはいけない、お酒を飲んではいけないということが、『コーラン』には書いてあるのです。

豚肉を食べてはいけないと聞きますと、私たちは、何で豚肉を食べちゃいけないんだろうと思うでしょう。それは、イスラム教徒じゃないからそういう疑問を持つわけですね。イスラム教徒は疑問を持ちません。「神様が、そうおっしゃっているからだ」ということです。

ただし、私たちは、何か科学的な意味があるのかなと、いろいろ推測をするわけですね。当時、砂漠が多いアラビア半島には、豚はいなかったんですね。遠いよその国では豚というのがいて、何でも食べてしまう、不潔な動物だということが伝わり、そんな不潔な動物の肉なんか食べてはいけないということで、豚肉は食べるなということになったという説があります。

また、もうひとつは、当時、豚の病気がはやっていて、そんな動物は食べてはいけないということになったという説もあります。

豚肉を食べてはいけないというのは徹底していまして、たとえばイスラム圏で地震が起きたりして、大きな被害が出たことがあります。そのとき、日本からいろいろ援助を送ったのですが、その援助品の中に、インスタントラーメンが入っていたことがありました。日本で食べているインスタントラーメンには、豚肉のエキスが使われています。すると、豚肉のエキスが入っているようなインスタントラーメンは食べるわけにはいかないというわけで、せっかく送っても、だれも手をつけなかったという話があります。

二〇〇一年には、インドネシアにある日本の食品企業の製造工場で、製造ラインに豚肉から抽出された酵素を触媒に使っていたことがありました。豚肉が入っていたわけではなく、豚肉の酵素が使われていただけだったにもかかわらず、大問題になり、工場の担当者が逮捕されるという事態に発展しました。

イスラムの教えにのっとって処理された食べ物のことを「ハラール」と言います。ハラールというのは、許されたものという意味です。豚肉は食べてはいけないわけですが、牛肉や羊の肉は食べてもいいわけです。でも、これも、きちんとイスラムの教えにのっとった処理をされていることが必要だということになっています。これが「ハラール」です。

どういうことかというと、牛や羊を処理するときに、「ビスミッラー」(アッラーの御名において)と神の名を唱えながら頸動脈《けいどうみゃく》を切って、血液をいっぺんに吹き出させることによって、苦しまずに死なせて肉にする。そういう処理をした肉を食べることがふさわしいということになっています。

日本でも、イスラム教徒向けにハラールのマークが貼られた肉などが売られるようになりましたけれど、最近のことです。前はそういうことがなかったので、日本に来たイスラム教徒は困ったんですね。でも、イスラム教というのは、非常に柔軟な宗教でしょう。ハラールが義務だけれども、ハラールがなかったら、別にほかのものを食べてもいいんだよということになるんです。もしハラール以外のものは食べないでいると死んでしまうような状況になったら、自分の身を守ることが大事だから、そういうものを食べてもいいですよということなんですね。

ということは、それこそ極論ですけれど、豚肉以外食べるものがないような状態に追い込まれて、この豚肉を食べなければ飢え死にしてしまうという状況になったら、それはそのときの判断だよということにもなるということですね。

酒を飲んではいけない

もう一つは、お酒ですね。お酒も飲んではいけないと書いてあります。

これ、汝ら、信徒の者よ、酒と賭矢《かけや》と偶像神と占矢《うらないや》（吉凶二種の矢で、旅行その他重要な仕事に手をつける前にその可否を占う）とはいずれも厭《いと》うべきこと、シャイターン（サタン）の業《わざ》。心して避けよ。さすれば汝ら運がよくなろう。シャイターンの狙いは酒や賭矢などで汝らの間に敵意と憎悪を煽《あお》り立て、アッラーを忘れさせ、礼拝を怠《おこた》るようにしむけるところにある。汝らきっぱりとやめられぬか。アッラーのお言葉に従い、使徒（マホメット）の言うことをきけ。よくよく警戒せよ。だが、これでもなお、汝ら背を向けるつもりなら、我ら（アッラー）の使徒としては、ただはっきりと（神から託された）伝言を伝えさえすればそれでよい。（五章九二、九三節）

なぜお酒を飲んじゃいけないのか。お酒を飲んで酔っ払うと、神様のことを忘れがちになるからだ。あるいは、酔っ払ってけんかをしたりするからいけないということなのです。ということは、「神様のことを忘れなければいいわけでしょう。だから、ちょっとぐらい飲むだけなら、泥酔状態にならなければいいよね」と考える人もいるのです。

イスラム教徒でも真面目な人は、お酒を一滴も飲みませんけれど、意外に、お酒を飲む人もいるんですよ。以前、エジプトのカイロでタクシーに乗って、タクシー運転手とお酒の話になって、おまえ、イスラム教徒だから酒は飲まないんだろと言ったら、「いや、酒飲むんだよ、あははは」と言うわけです。私は飲まないと言ったら、「イスラム教徒か」と聞くから、「いや、そうじゃないんだ。体質的に飲めないんだ」と答えたら、イスラム教徒のタクシーの運転手は酒を飲み、イスラム教徒じゃない私は酒を飲まない、逆だよねって言って笑い合ったことがあります。

女性はなぜベールをかぶるのか

信者が守るべきこととしては、女性の服装の規定があります。『コーラン』には、こう書いてあります。女性の信仰者に対する言葉です。

慎しみぶかく目を下げて、陰部は大事に守っておき、外部《おもて》に出ている部分はしかたがないが、そのほかの美しいところは人に見せぬよう。胸には蔽《おお》いをかぶせるよう。（二四章三一節）

さらに、ムハンマドに対する神の言葉としては、次のようなものもあります。

これ、預言者、お前の妻たちにも、娘たちにも、また一般信徒の女たちにも、（人前に出る時は）必ず長衣で（頭から足まで）すっぽり体を包み込んで行くよう申しつけよ。こうすれば、誰だかすぐわかって、しかも害《あだ》されずにすむ。まことに、アッラーは気のやさしい、慈悲ぶかいお方。（三三章五九節）

「美しいところは人に見せぬよう」と指示しています。家族以外には見せてはいけないのです。『コーラン』に、その理由が説明されてはいませんが、女性の美しさによって、男性の心が乱れ、信仰心が揺らいだり、問題を引き起こしたりするからだ、と考えられています。

では、「美しいところ」はどこかという話になります。女性の肌は見せないようにするけれど、それ以外にも、女性の髪もそれに当たるという解釈があります。これに従って、イスラム世界の多くの国々では、髪を隠すのが原則になっています。

ただ、その隠し方が、それぞれの地域によって異なります。スカーフで髪を隠す、ちょっと覆うだけでもいいよというところもあります。その一方で、黒のチャドルという長い衣で全身を覆い、外から体型が、女性の体のラインが見えないようにする国もあります。こうすれば、男性の好奇の目から逃れられ、自分を守ることにもなるという考え方です。

インドネシアあたりでは、スカーフを巻いているだけで、体のラインをしっかり出している女性が多数です。「髪の毛だけ隠していればいいんでしょ」という態度が、はっきり出ています。

これが、イランですと、若い女性は、一応、スカーフで形ばかりに髪の毛は隠しますが、おしゃれしたいので、スカーフをわざと後ろのほうにして、髪を見せている姿をよく見かけます。イランでは、イスラム教を厳格に守らなければいけないということで、服装チェック係みたいな人がいて、町中をパトロールしています。服装が乱れているぞといって、鞭《むち》でたたいたりする怖い人が歩いていたりします。こういう人たちを見かけると、そのときだけ慌ててスカーフを前のほうにしてやりすごすなんてことをやっている若い女性もいますが、イランの年配の女性になると、黒いマントのような、チャドルで体の線が一切出ないような形を守っています。

さらに、サウジアラビアあたりに行くと、目以外は全部隠します。目を隠してしまうと前が見えなくなるから、目だけ見えるようにして、後は全部隠す。これを「ニカーブ」といいます。それぞれの地域によってさまざまですが、一応、そうやって教えを守っている。

イスラムの教えでは、少なくとも髪の毛は隠さなければいけないという考え方をする人が多いのです。これがヨーロッパで摩擦を引き起こしています。この女性たちはブルカをかぶって学校に行こうとします。これが問題なのです。

フランスというのは、政教分離の大原則を守っています。公の場所に、自分の信じている宗教を持ち込んではいけないという法律があるのです。たとえば十字架のペンダント。外からはっきり見えるような大きなものは、キリスト教のシンボルですから、公立学校に持ち込んではいけないのです。

それと同様に、イスラム教徒のシンボルだから、ブルカやスカーフを着用して公立学校に登校するということは、イスラム教という宗教を公立学校の中に持ち込むことだ、これは認められないという方針を打ち出し、これにイスラム教徒が反発しています。

男性は四人の妻を持てるというが……

イスラム教の教えで、最も論議を呼ぶのが、男性は妻を四人まで持つことができるという規定でしょう。

孤児《みなしご》にはその財産を渡してやれよ。よいものを（自分でせしめて）その代りに悪いものをやったりしてはいけない。彼らの財産を自分の財産と一緒にして使ってはいけない。そのようなことをすれば大罪を犯すことになる。もし汝ら（自分だけでは）孤児に公正にしてやれそうもないと思ったら、誰か気に入った女をめとるがよい、二人なり、三人なり、四人なり。（四章二、三節）

この文章を読むと、無条件に妻を四人持てるというわけではありませんね。まずは孤児の面倒を見なさい、とあります。この場合の「孤児」とは、日本語の孤児とは異なり、「父親がいない子」という意味です。つまり、孤児の面倒が見られなかったら、孤児の女の子と結婚して助けていく、という仕組みのことなのです。

当時イスラム教徒たちは、メッカからメディナに避難しなければいけなかったようなこともあり、戦争が絶えませんでした。その結果、戦争で亡くなる男が多かったのです。戦争で亡くなる男が多かったために未亡人、あるいは父親がいなくなってしまった子どもたちが大勢生まれてしまった。孤児たちをみんなで守ってあげよう、助けてあげよう。でも、それを助けることがなかなかできなかったら、結婚してしまえばいい。結婚してしまえば家族なのだから助けることができるだろうというわけです。孤児を守るための結婚、という位置づけです。

現代の私たちから見ると、奥さんを四人も持つとは、どういうことと突っ込みたくなりますね。理解できないと考えるかもしれませんが、イスラム教は、当時の女性の地位を向上させる働きがあったと考えられています。

イスラム教では、結婚する際、夫婦で契約を交わし、もし離婚した場合、女性にどれだけの財産を渡すか、あらかじめ約束を結ぶことを指示しています。ですから、現代から見ると変だと思うかもしれませんが、当時としてはそれはそれなりに画期的なことだったのです。

ただし、最大で四人の奥さんを持つことができても、全員を平等に扱わなければならないと書いてあります。四人全員を平等に扱う自信がなかったらやめておきなさいと、こういうふうに書いてあります。

そうすると、ここからは笑い話ですが、奥さんを四人まで持てるのは、とてつもない金持ちか、何にも持っていない貧乏人だという言い方があります。つまり、普通の生活をしていたら、四人の奥さんにみんな平等になんていうことはできない。とてもお金がかかり過ぎる。とてつもないお金持ちでないと、それはできない。逆に財産を何にも持っていなければ、何もしてやれないから、結果的に四人の奥さんに平等に接することができる、というわけです。

当然のことながら、女性にしてみれば、夫に、自分以外の奥さんがいるというのは嫌なことでしょう。何とかそういうふうにならないようにしようと考えるわけです。どうすればいいか。四人には全員、平等にしなければいけないのですから、妻が、夫に宝飾品を大量におねだりして、たくさんのお金を使わせるのだそうです。妻を何人も持つと費用がかかって維持できない状態にしておけば、夫はこれ以上妻を持とうとは考えないだろう、というわけです。

また、結婚の際の契約書で約束させるという方法もあります。イスラム世界では、結婚するときに必ず契約書を交わします。結婚というのは契約なので、もし離婚をするときには、財産をどのように分けるかということまでを含めて契約を結ぶルールがあります。そこで、「私以外の人とは結婚しないように」ということを結婚の契約で結ばせてしまう人がいるんだそうです。これならいいですね。別にイスラムの教えには反していないでしょう。

奥さんは四人まで持つことができるというだけであって、四人持たなければいけないということではないわけですから。現状としては、イスラム世界では圧倒的多数が一夫一婦なのです。

男性はなぜひげを生やす？

イスラム世界では、ひげを生やしている男性が多いですね。これは別に『コーラン』に規定があるわけではありません。ムハンマドがあごひげを長く伸ばしていたからなんですね。ひげを伸ばすことが、別にきまりでもなんでもないんですが、イスラム教徒の男性としては、そのほうが望ましいと考える人が多いらしく、ひげを伸ばしている男性が目につくということです。

これは、地域によって異なります。アラブ世界では、ひげを生やしている男性が多くいますが、イランに行くと、ひげを伸ばしていない人が結構います。東南アジアのイスラム圏でも、ひげを生やしていない人が多数です。

アラブ人はひげが濃いから生やしても様になりますが、それ以外の民族では、なかなか様にならないという事情が関係しているかどうかは、わかりません。女性の髪の隠し方と同じで、地域によって随分違うんだということです。

第６講

スンニ派とシーア派

宗教は分裂する

中東のイラクなどでの紛争がニュースになるとき、イスラム教のスンニ派とシーア派という二つの派の対立がよく取り上げられます。

宗教というのは、長い歴史のうちに、宗派が分かれていくことがよくあります。たとえばキリスト教も、昔はひとつだけでした。イエス・キリストの信者の代表であるローマ法王がいて、キリスト教はひとつにまとまっていました。

しかし、イエスの教えを伝える『福音書』が多数生まれる中で、どの『福音書』を『新約聖書』に採用するかで対立が起き、いくつもの小さな派が生まれたことがあります。

また、大きな分裂といえば、カトリックと東方正教会があります。キリスト教を国教(国家の宗教)に定めていたローマ帝国が東西に分裂した結果、西ローマ帝国のキリスト教がカトリックになり、東ローマ帝国のキリスト教が東方正教会になります。いわゆるギリシャ正教です。ギリシャ正教がロシアのほうに行くとロシア正教になり、さらにセルビアに行くとセルビア正教と、それぞれ独自の発展を遂げます。

さらに、カトリックとプロテスタントの分裂もあります。ローマ法王を頂点にした教会の支配に反発して、宗教改革が起きます。従来の教会支配に抗議・抵抗する人たちが、「プロテスタント」（抗議する人）と呼ばれ、従来のキリスト教はカトリックと呼ばれるようになりました。このプロテスタントが、その後、さまざまな派に分かれていきます。

仏教も、いくつもの派に分かれます。仏教はもともとお釈迦様が悟りを開いて、教えを広めました。お釈迦様が亡くなった後、お釈迦様の教えをどう広めていくかという点で、信者が二つに分かれました。それが「大乗仏教」と「上座《じょうざ》部《ぶ》仏教」です。

上座部というのは上座（カミザ）という意味です。お釈迦様が亡くなった後、お釈迦様の教えを伝えていく中で、信者たちが集まったときに上座にいる偉い人たちと、それ以外の人たちに分かれます。

上座部仏教から分かれた人たちは、上座部仏教の人たちのことを、「彼らは、自分の救済しか考えず、自分だけが小さな乗り物に乗れればいいと思っている」と批判して、「小乗仏教」と呼びました。一方、自分たちは、「広く人々の救済を考えている自分たちは、大きな乗り物だ」という意味を込めて「大乗仏教」と自称しました。

私の学生時代は、小乗仏教と大乗仏教に分かれたと習いましたが、小乗仏教という言い方はバカにした言い方だということになって、いまは小乗仏教という言い方はしないで、上座部仏教と呼ぶようになっています。

上座部仏教はインドからタイ、ラオス、カンボジアなど東南アジアに広がりました。

一方、大乗仏教はインドから中国、朝鮮半島を渡って日本にやってきた仏教です。日本の仏教は、基本的に大乗仏教に分類されます。

大乗仏教が日本に渡ってきた後、やがて次々にいろいろな仏教に分かれていきますね。日本で独自に発展した仏教の派が多数あるのです。

ムハンマドの後継者をめぐり対立

同じようにイスラム教も、スンニ派とシーア派、その他に分かれました。スンニ派という言い方をしますが、教科書には「スンナ」と書かれているはずです。アラビア語ではそれが正式名称ですが、アラビア語の形容詞、「スンニー」を使った略語もあることから、日本のニュースでは「スンニ派」という表現が定着しました。世界ではスンニ派が九〇%、シーア派が一〇%、その他が一%弱といわれています。

もともとイスラム教を始めたのはムハンマドですが、ムハンマドは自分の後継者をだれにするかということを決めないまま亡くなってしまいました。後継者を選ぶ基準も定めていませんでした。ここから対立が始まります。

ムハンマドには三人の息子と四人の娘がいましたが、いずれも若くして亡くなり、ムハンマドが亡くなった段階では、末娘のファーティマだけが健在でした。ファーティマは、ムハンマドの従弟のアリーと結婚していました。アリーやファーティマの仲間は、「ムハンマドと血縁関係にあり、ムハンマドの娘と結婚しているアリーこそが預言者の後継者にふさわしい」と考えました。彼らは、「ムハンマドは生前アリーを後継者に指名していた」と主張しました。

しかし、他の信者たちは、信者たちの信頼が篤《あつ》かったアブー・バクルをカリフつまり「預言者の代理人」に選びました。「指導者」という意味の「イマーム」とも呼ばれます。

アブー・バクルが死去すると、長老のウマルが、次に、やはり長老のウスマーンがカリフの座を継ぎます。

しかし、ウスマーンの統治に反対する兵士たちが、ウスマーンを殺害。ここでようやくアリーが四代目のカリフに就任しました。

ところが、アリーは、信者たちの内紛によって暗殺され、信者たちは分裂します。

さらにアリーの息子のフセインも殺害されてしまいます。

このとき、「アリーと、アリーの血筋を引く者こそが正当な後継者だったのだ」と主張する人たちが、「アリーの党派」と呼ばれるようになります。「党派」のことをシーアと言います。やがて、「アリーの党派」は単に「党派」と呼ばれるようになり、「シーア」という言葉が定着しました。ですから、「シーア派」というと、厳密には「党派・派」ということになってしまうのですが。

これに対して、血筋は関係なく、イスラムの教えに従っていればいいではないか、イスラムのさまざまな教え、言い伝えの通りの慣習を守っていればいいではないかという人たちが、「慣習」を意味する「スンナ」から、「スンニ派」と呼ばれるようになりました。

スンニ派の学者たちは、守るべき「慣習」は、ムハンマドと生活を共にしてきた仲間たちが伝えるムハンマドの言行によって得られると考え、そうした伝承（ハディース）を収集します。とりわけ九世紀に伝承学者ブハーリーとムスリムが集めてそれぞれ編集した二つの『サヒーフ（真正ハディース集）』が、イスラム教徒としての生き方のお手本になっています。

イランはシーア派国家

イスラム世界では、スンニ派が多数を占めますが、イランはほとんどの国民がシーア派であり、隣国イラクも、シーア派が多数派です。

イランのイスラム法学者（イスラムの教えに詳しい人）の服装を見ると、黒いターバンを着けた人と白いターバンの人がいます。黒いターバンを着用している人たちは、預言者ムハンマドの血筋を引いていることを示しています。血筋を大事にするシーア派では、黒いターバンを着けている人の方が〝位〟が高いのです。

イランの場合、アフマディネジャド前大統領は、いつも平服でした。イスラム法学者ではないことを示しています。これに対して、大統領よりも高い地位にいる最高指導者のハメネイ師は、黒いターバンを着用していました。ムハンマドの血筋を引くことを示しているのです。

シーア派も、その後、いくつにも分かれました。イランの場合、一番多いのは十二イマーム派といいます。アリーから数えて十二代目のイマームがある日突然、姿を消してしまったのです。困った信者たちは、「十二代目のイマームはお隠れになった」と解釈しました。「お隠れになったが、やがて、終末に、またこの世の中にお戻りになって、私たちを助けてくれる、救ってくれる」と考えるようになったのです。この考え方を信じる人たちが、十二イマーム派です。

ただし、イマームがこの世にまたお戻りになってくるまでの間、どうするかということになって、その間は学識豊かなイスラム法学者に代わりを務めてもらおうということになりました。これにより、イランでは、国民の選挙で選ばれた大統領より、さらに上に最高指導者という人がいるのです。

教えが大きく異なるわけではないが

かくしてイスラム教徒は、スンニ派とシーア派、その他に分かれました。圧倒的な多数はスンニ派で、世界の各地にいます。シーア派は数が少ないということもあって、シーア派が優勢な国は限られます。

両派とも、教えに大きな違いがあるわけではありません。お祈りの所作に若干の違いがある程度のことです。たとえばスンニ派の場合は、メッカの方に向かってお祈りをするときに、地面に敷物を敷き、この敷物に額をつけてお祈りをします。

一方、たとえばイランのシーア派は、頭と敷物の間にさらに石を置きます。最初は石でしたが、素焼きでいろいろなものをつくるようになり、「アッラーは偉大なり」という言葉を書いたものが使われるようになっています。

モスクは、イスラム教のお祈りをする場所ですから、どちらの派もあまり変わりませんが、入るときに石や素焼きの板を貸してくれるモスクは、シーア派のモスクだということがわかる程度のことです。少なくとも私の目には、その程度の違いしかわかりませんでした。

スンニ派は、ムハンマドが偶像崇拝を禁止したことを受けて、肖像画を飾ることを避ける国もありますが、シーア派国家のイランでは、さまざまな人の肖像画を飾っています。アリーの肖像画もあるのです。

若干の違いはあるものの、アッラーが唯一絶対の神であり、ムハンマドが神の使徒だという基本的なことは変わりません。宗教の教えにおいて、なにも対立はない。スンニ派とシーア派というのは、本来は仲が悪いわけでも何でもない。ここはよく間違えられることですから、気をつけてください。

ただし、これが教えと関係なく、その国の政治の中で、どちらかが圧倒的な力を持って、一方を弾圧していたりすると、深刻な対立のもとになるということです。

たとえばイラクは、かつての独裁者フセイン大統領がスンニ派で、イラクの中での少数派のスンニ派に属する身内を優遇しました。結果として多数派のシーア派が虐《しいた》げられてきたのです。アメリカがイラクを攻撃して、フセイン大統領が倒れると、虐げられてきた多数派のシーア派の中に、スンニ派に対する報復をする人たちが出てきました。その攻撃から身を守るために、シーア派を襲撃するスンニ派の人たちが出るという形で、一時は内戦状態に陥りました。

結果的にスンニ派とシーア派の対立としてとらえられていますが、もともとスンニ派だから、シーア派だからといって、それだけで仲が悪いというわけではありません。宗教の違いを利用して政治権力をどちらが握っていたかという過去の政治的ないきさつによって対立することがあるんだということです。

第７講

イスラム原理主義と過激派

イスラム原理主義とは？

イスラム世界について詳しく知らない日本の人たちが、「イスラムは怖い」というイメージを抱くのは、テロなどのニュースが伝えられるからでしょう。こうしたニュースには、「イスラム原理主義」という言葉も出てきます。「原理主義」という言葉が、なんだか怖いイメージを増幅しているのかもしれません。

実は「イスラム原理主義」というのは、欧米のメディアが名づけた用語です。「イスラムの理想に戻れ」という「イスラム運動」「イスラム復興運動」が、こう呼ばれるようになったのです。

一九七〇年代以降、中東では経済開発が進むと共に欧米文化が流入し、急激な都市化・欧米化が進みました。ニカーブやスカーフをかぶらない女性の姿も目立つようになりました。中には、礼拝もあまりせず、酒を飲む人たちも出てくるようになります。

伝統的なイスラム社会を愛する人たちの目には、これがイスラムの堕落と映りました。ここから、「ムハンマドの時代の理想のイスラム社会に戻れ」という運動が始まります。

硬直化したイスラム教をいかに現代に適応できるように再生するか、という問題意識も生まれました。

また、いったんは欧米文化にあこがれたけれど、欧米からは「イスラム教徒」と呼ばれることで、「自分たちはイスラム教徒なのだ」という自覚を持つ人たちも出てきました。

エジプトのサイード・クトゥブは、その代表的な思想家のひとりで、一九五〇年代以降のエジプトを、「イスラム誕生以前の無知蒙昧《もうまい》な社会」と断定。イスラムによる新たな革命を呼びかけました。

また、一九七九年、イランで「イスラム革命」が起きて、それまでのパーレビ国王による西洋化路線が否定され、イスラムの教えにもとづく統治が始まりました。

こうした動きが「イスラム原理主義」と呼ばれたのです。

「キリスト教原理主義」からの類推で命名

イスラム原理主義という用語は、キリスト教原理主義という言葉からの類推で名づけられました。キリスト教原理主義というのは、『聖書』に書いてあることは一字一句すべて正しい真実であるとする考え方です。

『聖書』には、神様がアダムとイブをおつくりになったと書いてある。だから、ダーウィンの『進化論』のように、人間はもともと猿の仲間から進化して誕生したという考え方は、『聖書』の教えに反することで、絶対に認められないということになります。

この世の中に存在する動植物は、すべて神様がおつくりになったままの状態なのだから、恐竜から鳥が進化してきたというような考え方も認められません。恐竜の化石が見つかると、これはノアの箱舟のときに洪水で死滅した動物の化石だということになります。アメリカでは、ダーウィンの『進化論』を学校の授業で教えてはいけないという州が存在したことすらあります。

最近でいうと、オバマ大統領と戦った共和党のマケイン候補の副大統領候補だったサラ・ペイリンという人もキリスト教原理主義者です。「人間が猿から進化したなんていう教えはけしからん」というようなことを言っています。

こうしたキリスト教原理主義の「原理原則を守る」という考え方の派からの類推で、「イスラムの原則に戻れ」というイスラム復興運動の思想を「イスラム原理主義」と呼んだのです。

ところが、イスラム教徒の人たちはみんな、『コーラン』を信じていますね。『コーラン』を一字一句信じているという意味でいえば、イスラム教徒は全員、原理主義ということになってしまいます。だから、この原理主義という呼び方は、本当はおかしいのです。

キリスト教徒の中にも、『聖書』は『聖書』として、あれは物語であり、実際にはそうではないと考えて、折り合いをつけて生きている人はいくらでもいます。その中で、『聖書』は一字一句本当にあったことなのだと信じている極端な少数派を「キリスト教原理主義」と呼んでいたのです。

その点で言えば、イスラム復興運動の人たちを「イスラム原理主義者」と呼ぶのはおかしいのですが、日本のメディアでは、イスラム復興運動を「イスラム原理主義」と呼んでいるので、私もここでは、「イスラム原理主義」という言い方を使うことにします。

もうひとつの「原理主義」

一般的には「イスラム復興運動」のことを指す「イスラム原理主義」ですが、イスラム教のさまざまな派の中で、きわめて厳格な教えを実践する宗派のことを原理主義と呼ぶこともあります。そのひとつの例が、ワッハーブ派です。

創始者は、ムハンマド・イブン・アブドルワッハーブという人物で、一八世紀にイスラム教の純化を主張しました。このアブドルワッハーブを保護したのが、アラビア半島の豪族のサウド家でした。サウド家は、この教えを理念にしてアラビア半島にサウジアラビアを建国し、サウジアラビアの国教となりました。

ワッハーブ派は、スンニ派の一派ですが、教えは極めて厳格です。女性は外出する際、黒いマントの着用が義務付けられ、単独行動は認められません。必ず親族の男性が付き添う必要があります。自動車の運転も認められていません。

やがて天国で幸せに暮らせるようにするために、現世においてはひたすら神様のことだけを考えていればいいという思想です。

刑罰も厳格で、盗みをすれば右手を切り落とすという原則が守られ、毎週金曜日の集団礼拝の後、公開処刑が行われています。

二〇〇一年九月にアメリカで発生した同時多発テロを指揮したといわれるオサマ・ビンラディンも、サウジアラビアのワッハーブ派教徒として育ちました。

また、アフガニスタンのタリバンも、一種独特の原理主義です。一九七九年、当時のソ連がアフガニスタンに侵攻したことで、多くの難民が発生し、隣国のパキスタンに逃げ込みました。難民の子どもたちが通ったパキスタンの神学校は、デオバンド派という、やはり極端な原理主義を信奉していました。この原理主義を叩《たた》き込まれた神学生たちがアフガニスタンに戻ってタリバン（学生という意味）になりました。

タリバンが支配したアフガニスタンは、サウジアラビアとよく似た教えを強制しました。タリバン政権をいち早く承認したのも、サウジアラビアでした。

彼らは、『コーラン』の教えを自分たちで独自に解釈し、この世の中では来世だけを考え、世俗的な楽しみは一切ダメだというようなことを主張していますが、『コーラン』を読めば、そんなことはないことがわかります。『コーラン』では、この世の中には楽しいことがいっぱいあるのだから、人生を充分に楽しみなさいということが書いてあるのです。

中東で根を張るイスラム原理主義

イスラム復興運動をしている団体は、中東各地に増加しています。理想のイスラム社会を建設しようと考えているので、地道な社会福祉の取り組みをすることで、地域の人たちの信頼を勝ち得ているからです。

イスラエルやアメリカが「過激派」として敵視し、中東和平の交渉相手とはしないとしているガザ地区のハマスが、なぜ存在しているかといえば、地域での福祉の取り組みが評価されているからです。

それは、レバノン南部でイスラエルと敵対関係にあるヒズボラも、同じことです。

中東では、民主的な政治体制がほとんどなく、独裁者か独裁者に近い人物が政治をしている場合が多く、社会福祉も充実していません。こういう状態の中で、イスラム復興運動（原理主義）の組織が、人々の心を摑《つか》んでいるのです。

とりわけ二〇〇一年九月にアメリカで起きた同時多発テロで、当時のアメリカのブッシュ大統領がイスラム全体を敵視するかのような発言をし、アフガニスタンを攻撃したのに続いてイラクを攻撃したことで、イスラム世界には、「自分たちはイスラム教徒なのだ」という連帯感のようなものが生まれ、これがイスラムの保守化をもたらし、イスラム復興運動が広がる土壌になっています。

ただ、大事なことは、イスラム原理主義とテロリストを同一視してはならないということです。イスラム復興運動（原理主義）を支持している多くのイスラム教徒は、そもそもテロリストではありません。

乱れている今の世を昔の理想に返った世界にすべきだと考えているイスラム原理主義の人たちがいるのです。さらにこの中に、ごく一握りだけれども、理想社会を実現するためには、テロも「ジハード」として許されると解釈する人たちがいるということです。イスラム原理主義イコール過激派という言い方で使っている人がいますが、これは間違いです。イスラム原理主義イコールテロリストではないのです。イスラム原理主義者の中の、ごく一部が過激派と呼ばれる人たちなのです。

「イスラム国」の誕生

二〇一四年六月、中東のイラクからシリアにかけての地域で、イスラム過激派が「イスラム国」(IS)の建国を宣言し、世界を驚かせました。

この組織が誕生したきっかけは、二〇〇三年、ジョージ・ブッシュ大統領時代のアメリカによるイラク攻撃でした。

イラクはかつてフセイン大統領による独裁が続いていました。フセイン大統領は、イラク国内では少数派のスンニ派。多数派のシーア派を力で抑えつけていました。

二〇〇三年、ブッシュ大統領は、イラクが「大量破壊兵器を隠している」と言って攻撃しました。結局大量破壊兵器は見つかりませんでしたが、アメリカの攻撃によってフセイン政権は崩壊しました。

これにより、イラク国内は大混乱。この混乱の中から二〇〇四年、国際テロ組織アルカイダ系の「イラクの聖戦アルカイダ組織」が設立されました。あまりに過激な行動で、本家のアルカイダから破門されると、「イラクのイスラム国」を名乗るようになりました。

過激な行動から、当初は支持が広がらなかったのですが、急成長するきっかけは、

「アラブの春」でした。

二〇一〇年末、北アフリカのチュニジアで始まった民主化運動は、エジプト、リビア、シリアに広がり、次々に長期独裁政権が崩壊し、これは「アラブの春」と呼ばれました。このうちチュニジア、エジプト、リビアでは長期独裁政権が倒れましたが、シリアはそうはいきませんでした。

シリアは、アサド大統領による独裁政権です。「アラブの春」の影響を受けた人々は、民主化運動に乗り出しますが、これをアサド政権は徹底的に弾圧します。

アサド大統領から住民への弾圧を命じられた政府軍の中には、国民に銃を向けることに反発して軍を離脱し、「自由シリア軍」を結成した兵士や将校も出て、反政府勢力に合流。内戦状態になりました。

ここに目をつけたのが、「イラクのイスラム国」でした。活動の場を広げるチャンスとばかりに、組織の名称を「イラク・シリアのイスラム国」と変えて、シリアに潜入しました。

彼らは、自由シリア軍が確保した地域に入り込み、自由シリア軍を攻撃。横取りする形で支配地域を広げました。これにより武器や資金を獲得。中東各国から「聖戦に参加したい」と集まってきた若者たちも吸収して、組織を拡大したのです。

シリアに続いてイラクでも勢力を伸ばした武装勢力は、遂に「イスラム国」の樹立を宣言します。イラク北西部からシリア東部を支配地域とし、さらにシリアの西隣のレバノンまでを窺《うかが》う勢いでした。

シリア、イラクの国境線は、サイクス・ピコ協定によって生まれたもの。この体制を破棄しようという宣言です。

サイクス・ピコ協定とは、第一次世界大戦中の一九一六年五月、オスマン帝国と戦っていたイギリス、フランス、ロシアの間で結ばれた秘密協定です。オスマン帝国を打ち破った後は、領土をイギリスとフランスとロシアで山分けしようというものです。

この結果、シリアとイラクの国境線が誕生しました。「イスラム国」は、ヨーロッパによって勝手に引かれた国境線を、自分たちの力で引き直すと宣言したのです。

「カリフ国家」を宣言

「イスラム国」は、「カリフ国家」であると宣言します。「イスラム国」の指導者アブー・バクル・アル＝バグダディが、自らを「カリフ」と名乗ったのです。

カリフとは、イスラム教の預言者ムハンマドの後継者のことです。オスマン帝国崩壊後、トルコの近代化を進めたムスタファ・ケマル・アタチュルクによって一九二四年に廃止され、以後、空位になっていました。これを復活させ、「カリフ制イスラム国家」

を復活させたというのが、この勢力の主張でした。

「イスラム国」がこれまでのアルカイダ組織と異なるのは、アルカイダ系組織が、反米テロ組織であるのに対して、領土を持った国家の建設を目指していることです。

カリフはイスラム教徒の指導者。つまり、全世界のイスラム教徒の指導者を名乗ったのです。二〇二〇年までにスペインからインドネシアまでの地域を征服すると宣言しました。この地域は、かつてイスラム勢力の支配地域でした。とりわけスペインは、キリスト教徒によるレコンキスタ（国土回復運動）で、イスラム勢力が失った土地。それを取り戻そうというのです。その後の目標は、「世界のイスラム化」でした。

「イスラム国」は、シリアやイラクの油田を占領して密輸出。莫大《ばくだい》な資金を稼ぎます。

またインターネットを駆使して、自分たちの主張を世界にアピールします。CGや動画を駆使して魅力的に見えるホームページを作成し、「聖戦に参加せよ」と呼びかけました。これが、自国で生きがいを見いだせなかった若者たちの心を掴み、世界各地から若者たちが「聖戦」に参加しようと集まってきました。

さらに世界各地の若者たちに対し、「自分たちの国でテロを起こせ」と呼びかけたため、各地でテロが頻発。世界を恐怖に陥れました。

「イスラム国」の支配地域は、最大時、イギリス本国と同じ程度にまで広がりました。域内の人口は約九〇〇〇万人に達しました。

領土と国民がいれば、国家と呼んでもよさそうなものですが、世界各国は、残虐なテロ組織を国家として認めません。結局、「イスラム国」は「自称国家」に過ぎなかったのです。

「イスラム国」は、シリアの都市ラッカを「首都」と宣言し、イラクの都市モスルをイラク国内の拠点としてきましたが、反「イスラム国」で世界が協力することになり、二〇一七年夏以降、「イスラム国」は急激に勢力を縮小しました。カリフを名乗っていたバグダディも死亡したと見られています。

原理主義と過激派は異なるもの

原理主義者の中には、テロに走る人物がいる。それは、イスラム教に限りません。アメリカにもキリスト教原理主義の人たちがいて、さらに原理主義の人たちの中には過激派がいます。たとえば女性が望まない妊娠をしてしまったために妊娠中絶をしようとすると、妊娠中絶の手術をしてくれる医者がいます。これは、キリスト教原理主義の人たちからすれば、神様の教えに反することです。そんなことは許せない、そんなことはやめさせるべきだという運動をする人たちの中に、妊娠中絶をするクリニックに爆弾を仕掛けたり、医者を殺害したりするという人たちがいます。これは、キリスト教原理主義過激派ということになります。

非常に不思議なことでしょう。「妊娠中絶をするということは、おなかの中の赤ちゃんを殺すことになる。これは殺人だ」と考えている人が、医者を殺してしまうということは、自分が殺人という罪を犯してしまうのですから。

あるいは、イギリスに属する北アイルランドでは、少数派のカトリックによる、プロテスタント（正確に言えば英国国教会）が多いイギリスから独立しようという運動があります。カトリックが多い南部のアイルランドと一緒になりたいという運動で、そのための武装組織ＩＲＡ（アイルランド共和軍）を組織して、長くイギリスに対してテロを続けてきた歴史があります。

これに対して、北アイルランドのプロテスタントの側も対抗する武装組織をつくり、文字通り血で血を洗う争いを繰り返してきました。

最近でこそようやくおさまりましたけれども、プロテスタントとカトリックが血みどろの殺し合いをやっていたわけです。イスラム教のスンニ派とシーア派が殺し合いをやっているのと同じことをカトリックとプロテスタントがやっていた。でも、これは、宗教が分かれているからというわけではなくて、たまたま政治的にどちらが支配者だったかということによって殺し合いになったのです。北アイルランドも、結果的には少数のカトリックを多数のプロテスタントが支配していたことに対して反発をして、テロが起きるようになっていったのです。

このことを考えると、どこの世界でも、いわゆる過激派と言われる人たちがいて、テロを起こしたりすることがあるんだということです。イスラム教だけがそういうことをやるわけではないんだということです。そして、原理主義と過激派を同一視してはいけないということです。

第8講

中東問題とは

中東とはどこのことか?

さて、ここからは中東問題です。イスラムに関するニュースでしばしば登場するのが、中東問題だからです。

なぜこの地域が中東と呼ばれているのか、それはヨーロッパ中心の世界地図を見ればわかります。

たとえば日本のあたりのことを極東と言いますね。「極端に東」(Far East)と書きます。なぜ極東なんていう名前がつくのかと思うかもしれませんが、イギリスを中心にした世界地図で見れば、東のはずれが日本のあたりになるからです。一方、イギリスから見て、極端に東ではない、中ぐらいの東が中東ということになるわけです。

中東という言葉は、そもそもイギリスが広めた言葉なのだということです。

中東には、イギリスが非常に強い影響力を持っていました。このあたりをイギリスが委任統治領にしていたという長い歴史があります。

イギリスが中東を支配していたことによって、今の中東のさまざまな問題が起きるようになりました。中東問題がこんなに深刻な状態になっている歴史的な責任はイギリスにあるのです。

“祖国”を失ったユダヤ人

中東問題というのは、パレスチナと呼ばれる地域にイスラエルという国ができて、イスラエルを建国したユダヤ人と、パレスチナに住んでいたアラブ人（パレスチナ人）たちとの間に起こった争いに起因する問題です。

イエス・キリストはユダヤ教徒で、ユダヤ教の改革運動をしたことによって十字架にかけられたという話をしましたね。かつてここにはユダヤ人がユダヤ人の王国をつくっていました。エルサレムには、巨大な神殿が建設されました。

しかし、キリストが処刑されてしばらくして、ローマ帝国によって滅ぼされてしまいます。ユダヤ人の神殿も破壊されてしまいます。その結果、ユダヤ人は、世界中に散らばって行きます。これをディアスポラ（Diaspora）といいます。離散していくということです。

世界各地に離散したユダヤ人のうち、北を目指したユダヤ人たちがいます。ヨーロッパに移り住んだユダヤ人がいるわけですね。ところが、ヨーロッパはやがてキリスト教世界になっていきます。キリスト教世界の中にユダヤ人が暮らすと、そこでさまざまな差別を受けるようになります。

というのも、『新約聖書』を構成している四つの「福音書」の一つの「マタイによる福音書」（第二七章二二節〜二五節）の中に、こういう話があります。イエス・キリストに死刑判決が下ったとき、ローマの総督のピラトが、「いったいどんな悪事を働いたというのか」と、つめかけた人々に尋ねるのです。ピラトは、イエスを処刑したくなかったからです。すると、つめかけていた人たちが口々に「十字架につけろ」と。「その血の責任は、我々と子孫にある」（新共同訳による）と答えたというのです。つまり、たとえイエスを殺した後、その報いが我々の子孫に血の報いとしてきたって構わないから、イエスを殺せ、と言ったのだと書いてあるのです。

これにより、キリスト教徒の中には、ユダヤ人の子孫がひどい目に遭ったって、嫌がらせを受けても構わないと言ったと聖書に書いてあるじゃないかと考える人たちが出てきます。その結果、キリスト教世界でユダヤ人たちがいわれなき差別を受けるようになります。差別をされて、まともな働き口がなくなってしまいます。

中世のヨーロッパ世界においては、金貸しは卑しい職業だと差別されていて、身分の低い者は、そういう仕事にしかつけないという差別構造がありました。ユダヤ人たちは、まともな仕事につけないものだから、金融業に就く人が増えます。

この人たちが、金融業で成功。ここからお金持ちが次々に生まれます。キリスト教徒の人たちにしてみると、これがおもしろくないわけです。差別の対象にしていた連中が、お金持ちになっていく。ますます嫌われてしまうということが起きたのです。

でも、ユダヤ人たちは、キリスト教世界に行っても、信仰は忘れなかったのですね。信者がみんなで集まって、ユダヤ教の勉強をしたりしているわけです。ユダヤ教とキリスト教では安息日も異なりますし、それがキリスト教徒から見ると、ユダヤ人たちがこっそり集まって、何かわけのわからないことをやっている。何かよからぬ企みをしているのではないか。何か陰謀をめぐらせているのではないかという、また差別が生まれてくるわけです。

ユダヤ教の教えをきちんと守っていこうという集まりをしていただけにもかかわらず、キリスト教徒たちにしてみると、何かよからぬことをやっている。ここから、「ユダヤ人陰謀論」なるものが生まれるようになるのです。この世界で起きる悪いことは、みんなユダヤ人が企んでいるという類《たぐい》の話です。

大量虐殺されたユダヤ人

そういう形でユダヤ人がヨーロッパで差別をされる中で、やがてドイツにアドルフ・

ヒットラーという男があらわれます。アドルフ・ヒットラーという男は、「ドイツ人というのはもともとアーリア人という非常に優秀な民族である。この純粋な民族こそが大事なのであり、劣った民族は片づけてしまえ」というわけです。ユダヤ人の皆殺し作戦が行われるようになります。

第二次世界大戦中、ドイツは、ドイツ国内だけではなくて、ポーランドやフランス、オーストリア、オランダなど、各地を併合・占領していきます。それぞれ占領したところに住んでいるユダヤ人を次々に強制収容所に入れて、強制労働をさせ、そのまま死んでしまっても構わないし、死ななければ殺してしまおうということになりました。その数なんと六〇〇万人です。六〇〇万人ものユダヤ人が第二次世界大戦中に殺されたのです。

『アンネの日記』を読んだことがありますか？

アンネはユダヤ人の少女でした。ユダヤ人狩りから逃れるため、オランダのアムステルダムの民家の屋根裏部屋のような場所にこっそり隠れ、ここで、日々の様子を日記につけていたのですね。ところが、ついにナチスドイツに見つかってしまって、強制収容所に入れられ、結局、帰って来ることはありませんでした。

しかし、お父さんは無事に生き延びることができて、戦後、娘のアンネがつけていた日記を発見し、これが出版されることになりました。『アンネの日記』です。『アンネの日記』は世界のベストセラーになり、多くの人々が、ユダヤ人の運命に同情的になります。ユダヤ人たちの祖国を求める運動は、こうした国際世論も味方につけたのです。

「ユダヤ人の祖国」復興運動

ユダヤ人の国は、どこにつくればいいのか。もともとパレスチナにはユダヤ王国があった。あそこに戻ろうという運動が始まります。この運動自体は、第二次世界大戦後ではなくて、その前からありました。ヨーロッパでユダヤ人たちが差別されるものだから、何とか自分たちのエルサレムに戻りたいという運動が一九世紀から起きていました。

ユダヤ王国の神殿があった丘の向かい側には、もう一つの丘があり、ユダヤの神殿をよく見ることができます。これをシオンの丘といいます。そこで、「シオンの丘に戻ろう」という運動が始まります。これを「シオニズム」と言います。

ユダヤ人の国をつくろう。ユダヤ人のふるさとに戻り、ユダヤ人の国を再建しようという運動のことです。

しかし、そのエルサレムがあるパレスチナはどうなっていたかというと、ユダヤ人ばかりでなく、イスラム教徒のアラブ人が住み着いていました。そこへ突然、ユダヤ人が大挙してやって来て、ユダヤの国をつくろうとすれば、トラブルになります。

そこで当時は、ユダヤ人の国さえつくれればいいわけだから、何もパレスチナでなくてもいいんじゃないかという議論もありました。どこかにその土地はないかなということになり、意外な場所が最初は検討されます。それがアフリカのウガンダです。

ツチ族とフツ族の民族抗争で一〇〇万人もの人が虐殺されたルワンダの北にウガンダという国があります。赤道直下のこのあたりは、イギリスの植民地だったのですね。ここにユダヤ人の国をつくればいいんじゃないかという話があったのです。

その話を知ったときには、「なぜウガンダにユダヤ人の国をつくるという考え方が生まれたのだろうか」と思ったのですが、二〇〇九年の夏、ウガンダに行って、疑問が解けました。

ウガンダは赤道直下ですが、標高が一〇〇〇メートル以上あります。だから暑くなく、一年中気温が二〇℃から二五℃の間で、さわやかなのです。初夏の軽井沢というイメージです。イギリスのユダヤ人たちは、この良さを知っていたのです。ここがいいという思いもあったのですね。

第二次世界大戦中、イギリスのロンドンはドイツの激しい空襲を受けます。ドイツからロケット弾も飛んできて、ロンドンの町に無差別に落ちてきました。もしドイツがイギリスに上陸したら、ロンドンはあっという間にドイツに占領されてしまうのではないかとイギリスの人たちが心配していました。そこで、イギリスのチャーチル首相は、もしロンドンがドイツに占領されたら、臨時の首都をウガンダに置くことまで考えていたというのです。

しかし、ユダヤの国の神殿はエルサレムにあったのですし、『旧約聖書』に、「神はユダヤ人にカナンの土地を与えた」という話が出てきます。カナンの土地が、現在のパレスチナです。「神から与えられた土地に、自分たちの国家を建設しよう」ということになり、結局、パレスチナにつくられることになりました。

歴史に「もしも」はありませんが、もしウガンダにイスラエルという国ができていたら、きっと世界の様子は随分変わっていたでしょう。

アフリカの場合は、北部がイスラム教ですが、ウガンダがある南部はキリスト教です。当然、イギリスの植民地だったということがあるから、ウガンダはキリスト教徒が多数を占めています。キリスト教とユダヤ教ということであれば、今のパレスチナでのような激しい争いは起きなかったかもしれません。非常に気候のいいところで、ここにもしイスラエルがあって発展したら、まわりの国々も大きく発展していったのかもしれない。今のアフリカとは全く違う様相になっていたのかもしれないな、なんていうふうにも思うのです。

話が脱線してしまいました。結局、パレスチナにユダヤ人の国をつくることになりました。当時のスローガンは「土地なき民に民なき土地を」というものでした。「土地なき民」、つまりユダヤ人のこと。ユダヤ人は自分たちの土地を持っていない。そういう人々に、「民なき土地を」と。人々が住んでいない土地を与えればいいじゃないか。これがスローガンでした。

しかし実際には、パレスチナにはアラブ人が住んでいました。実際には「土地なき民」が入った場所にも民がいたということになるわけです。ここからトラブルが起きるようになるということです。

イギリスの三枚舌

ここから、いわゆる中東問題が始まります。実はその前段で、イギリスの三枚舌というのがありました。二枚舌という言葉は知っていますね。ある人にはこういうことを言い、別の人には別のことを言う。「あの人は人によって言うことが違う。二枚舌を持っているよね」という言い方をするのですが、イギリスは二枚舌どころか、三枚舌を持っていたのです。どういうことか。

第一次世界大戦のときのことでした。第一次世界大戦で、イギリスやフランスはオスマン帝国と戦争します。オスマン帝国は中東地域を支配していました。アラブ人が大勢住んでいたわけです。イギリスは、オスマン帝国を弱体化させようとして、オスマン帝国の支配下にいるアラブ人たちに、「我々の味方をして、オスマン帝国と戦ってくれれば、アラブ人国家の設立を認めましょう」と、アラブ人たちに約束をします。映画「アラビアのロレンス」は、このときの話です。イギリスからアラブ人対策に送り込まれたロレンスが、アラブ人と大活躍をする話です。

その一方で、ユダヤ人たちに対しては、パレスチナに「ナショナルホームの設立を認めましょう」という言い方をするのです。「ナショナルホーム」というのは、どういう意味か。国民国家なのか、ユダヤ人に土地を与えるのか、はっきりしません。ホームというのが国なのか、土地なのか、故郷なのか、はっきりしないのですが、ナショナルホームをあげましょうという約束をします。ユダヤ人たちは、「イギリスが国家の設立を支援してくれる」と受けとめます。

アラブ人にはアラブ人の国をつくってあげるよと言い、ユダヤ人にはユダヤ人の土地をあげるよと言ったのですから二枚舌ですね。

さらに三枚目の舌がありました。イギリスとフランスとロシアがこっそり秘密条約を結んで、オスマン帝国が崩壊した後、オスマン帝国の支配地域はイギリスとフランスとロシアで山分けにしようという約束をしていたのです。「サイクス・ピコ協定」といいます。

中東の国々のどこを自分のものにするか。ヨルダンやパレスチナ南部はイギリスのものにしましょう。イラクもイギリスのものにしましょう。シリアはフランスのものにしましょうという形で、イギリスとフランスとロシアが山分けにするという約束を結んでいたのですね。

第一次世界大戦が終わり、オスマン帝国が負けました。オスマン帝国は解体され、トルコは今のトルコだけになり、それ以外のオスマン帝国が支配していた広大な地域を、イギリスとフランスとロシアで山分けにしてしまいました。

当然、アラブ人たちは怒ります。自分たちの国になるはずなのにどうなっているんだと怒るものですから、イギリスは、仕方なくヨルダンのあたりにアラブ人の国家を認めます。これが「トランス・ヨルダン」、今のヨルダン王国です。

イギリスによる三枚舌によって、ユダヤ人たちは、自分たちの国をつくることがイギリスから承認されたと考え、第二次世界大戦後、アラブ人が住んでいたパレスチナにユダヤ人が続々と住み着くようになり、ユダヤ人とアラブ人との争いが激しさを増していきます。

そのときパレスチナはイギリスの委任統治領でした。イギリスがユダヤ人の移民に制限を加えたことに怒ったユダヤ人の過激派が、イギリスに対するテロを始めます。

イギリス軍の司令部が入っているホテルに爆弾を仕掛けて、爆破します。イギリスの軍司令部は大打撃を受けますが、普通の人が泊まっているホテルに爆弾を仕掛けるわけだから、一般の人も大勢犠牲になります。無差別テロですね。

また、イギリス人の若い兵士が殺され、死体が町に吊《つ》るされた写真がイギリスの新聞で報じられると、国内はパニックに陥ります。イギリスの若い青年が何で、こんなふうに殺されなければいけないのか。さっさと手を引こうじゃないかという世論がわきあがり、第二次世界大戦で国力が弱まっていたこともあり、イギリスはとてもパレスチナを維持できなくなってしまいます。

パレスチナを国連に委ねる

そこでイギリスは、パレスチナから撤退すると決め、あとのことを国連に任せてしまいます。国連に丸投げします。そこで国連の調査団がパレスチナに行き、パレスチナをユダヤ人の国とアラブ人の国に分割したらどうかという論議が始まります。ユダヤ人にしてみれば、これで自分たちの国ができるんだと思うわけですから、国連の調査団には全面協力します。ぜひここに私たちの国をつくってくださいと働きかけるわけです。

一方、アラブ人にしてみれば、自分たちが住んでいるところに国連の調査団がやって来て、ここをユダヤ人の国とアラブ人の国に分けたいのだけれどと言われても、とても受け入れられないというわけです。ここはアラブ人が住んでいる場所だ。ユダヤ人の国をつくろうなんていう話はとんでもないといって、国連の調査団には協力しません。国連の調査団に全面的に協力する人たちと一切協力しない人たちがいれば、当然、協力をする側に有利な案というものができてしまうわけですね。

パレスチナは分割された

その結果、一九四七年に国連決議がありました。パレスチナをアラブ人とユダヤ人の国に分けるというものです。

パレスチナには、ユダヤ人たちが移って来て、不在地主から土地をどんどん買っていくのですね。パレスチナにはアラブ人が大勢住んでいましたが、アラブ人にも貧富の差はありますから、たくさん土地を持っているアラブ人の不在地主からユダヤ人が土地を買っていきます。

あるいは、ユダヤ人過激派が、アラブ人の集落を襲撃して、大量殺人をやってのける。アラブ人たちはパニックを起こし、土地を捨てて逃げていく。その後に、ユダヤ人が住み着く、ということもありました。

国連の決議によって、この地域は二つに分割することが提案されます。面積でいいますと、全体の五六％がユダヤ人の土地、四三％がアラブ人の土地、合計すると九九％です。

では残り一％はどこかというと、それがエルサレムです。後でまた説明しますが、エルサレムというところは、ユダヤ人にとっても、イスラム教徒にとっても聖地なので、ここを分割しようとすると戦争になってしまうから、ここは国際管理地区といって、国連が管理しましょうと。それ以外は二つに分けましょうという案をつくったわけです。

全体としては、ユダヤ人の土地が多くなっています。

この国連決議によって、一九四七年、パレスチナをユダヤ人の土地とアラブ人の土地の二つに分けるということになりました。

翌年一九四八年、この国連決議に基づいて、「ユダヤ人国家」と国連が決めた土地に、イスラエルという国が建国されました。

このとき、イスラエルとしては、エルサレムを首都にしたかったのだけれども、エルサレムは国際管理地区になっていたので、地中海沿いの都市テルアビブを首都にして、イスラエルという国ができました。

イスラエルが建国されたが

これには、まわりのアラブの国々が怒ります。突然、私たちアラブの土地にイスラエルという国ができた。冗談じゃないと。そんなものは認められないといって、イスラエルが建国宣言した一九四八年五月一四日の翌日、まわりのアラブの国々がイスラエルに攻め込みます。これが「第一次中東戦争」です。

そのときは、ただ中東戦争と呼ばれたのだけれども、その後、第二次、第三次、第四次と大きな戦争だけで四回起きるものですから、後になってそれが第一次中東戦争と呼ばれるようになったのですね。ちなみに、イスラエルは「独立戦争」と呼んでいます。

アラブの国々、まわりのヨルダンやエジプトやシリア、イラクといった国々の軍隊が攻め込んできたわけですから、イスラエルという国はひとたまりもないと思われていたのが、負けなかった。それどころか、イスラエルは国連の決議で認められた地域を上回る土地を占拠してしまうのですね。

なぜそんなにイスラエルは強かったのか。

イスラエルという国をつくったら、アラブの国が攻め込んでくるかもしれない。イスラエルにとってそれは想定内のことでした。そのために、着々と軍備を増強していたのです。イスラエル軍建軍の中心になったユダヤ人たちというのは、もともとはイギリスの委任統治領だったパレスチナで、イギリス軍に入って、戦争を戦ってきた体験を持っている。イギリス軍として戦争の仕方を知っていたわけです。戦い方をしっかり身につけていたという意味でも戦争に慣れていた。戦争のベテランが大勢いたということです。

さらに、第二次世界大戦後、不用となって旧東ヨーロッパから流れ込んできた大量の中古の武器を買い付けて、イスラエルに持ち込んでいた。ユダヤ人にはお金持ちが大勢いますから、資金に不足はなかったわけです。また、イギリスが引き揚げる前に、イギリスの武器を盗み出すことまでやったという話もあります。イギリス兵たちが戦車を走らせていたら、若い女性たちに声をかけられた。兵士たちが戦車から降りて、女性たちと遊んでいる間に戦車が盗まれた、というエピソードもあるほどです。

戦争慣れした兵士がいる、英国製の戦車があるというわけで、戦争の準備は十分すぎるほどできていたというわけです。

一方、アラブの国はといえば、近代的な戦争をしたことがありません。戦車など持っていません。イスラエルなど簡単に壊滅できると考えていましたが、勝負になりませんでした。

結果的に、イスラエルがアラブの国を撃退したばかりか、国連から認められた以上の土地を手に入れてしまいます。

このとき、エジプトもイスラエルに攻め込み、「アラブの土地」のうち、ガザ地区を実質的に支配します。

一方、東側からはヨルダンが攻め込み、「アラブの土地」のうち、ヨルダン川の西岸を占領します。

第一次中東戦争の結果、パレスチナにアラブ人の国は生まれず、イスラエルが占領した場所とエジプトが支配した場所、さらにヨルダンが占領した場所というふうに三つに分けられたのです。

エルサレムの東半分である東エルサレム、聖地の旧市街地がある場所はヨルダンが占領し、聖地がない西エルサレムは、イスラエルが占領しました。

エルサレムが東西に分断され、地図の上では緑色で表現されました。だから、これを「グリーンライン」と言います。第二次世界大戦後、ドイツが東西に分割されたように、実はこのとき、エルサレムは東と西に分断されたのです。

国連決議で決められた以上の土地を占領したということは、これは不法占拠になります。これ以来、イスラエルは、本来国連が認めた以上の土地を不法に占領しているという状態になるのです。

アメリカはよその国が他国の領土を不法に占領すると、「けしからん、出て行け」といつも言い出します。ところが、ひとたびイスラエルのこととなると、見て見ないふりをするのです。イスラエルによる「アラブの土地」の不法占領について、ほとんど問題にしないのです。

これ以降、アラブの国々は再三再四、「イスラエルは国連決議で決められた以上の土地を不法に占領している。不法な土地から出て行け」と主張し、決議を何度も何度も採択するのですが、アメリカは、そのたびに棄権しています。何度も国連で決議があるにもかかわらず、今のイスラエルは国連決議に反して、国連が「アラブの土地」と決めた場所を占領しているのです。

パレスチナ難民が生まれた

イスラエルという国ができたことで、土地を追われたパレスチナ住民のアラブ人のうち、パレスチナの西の方にいた人たちは、同じアラブ人のエジプト側に助けを求めて、ガザ地区に逃げ込みます。ガザ地区に大勢が住み着いたり、難民キャンプができたりします。

一方、東側の人たちは、ヨルダンが占領した地区に逃げ込みます。ここにもまたたくさんの難民キャンプができます。もちろんこれ以外に、シリアやレバノンにも難民キャンプができました。

この難民の人たちは、アラブ人ですね。アラブ人だったのだけれども、パレスチナという土地から逃げて来た人たちというので、「パレスチナ難民」と呼ばれるようになります。

パレスチナ難民と呼ばれているうちに、「自分たちはパレスチナがふるさとなのだ」という自覚が生まれます。そこから「パレスチナ人」という言葉が生まれます。パレスチナ人という人種があるわけではありません。そんな民族があるわけではなく、パレスチナ人というのは要するにアラブ人なのです。普通のアラブ人で、その多くはイスラム教徒です。けれど、パレスチナという場所に住んでいて、そこから追われたパレスチナ難民と呼ばれているうちに、自分たちはパレスチナ人なんだという自覚が生まれるようになったということですね。

パレスチナの抵抗運動始まる

こうしてイスラエルが多くの場所を占領するという形になって、にらみ合いが続きます。そうすると、当然のことながら、パレスチナ人の抵抗運動というものが起きます。PLOという組織がもともとありました。Palestine Liberation Organization（パレスチナ解放機構）です。これは初期の段階では、アラブの国々が、パレスチナを取り戻し

居住地を追われ、テント生活を強いられたパレスチナ難民（1955年）

たいという運動をする穏健な組織だったのですが、ここにヤセル・アラファトという人が入って、イスラエルと戦う組織に変えてしまうのです。

アラファト議長の指導の下、武力闘争を中心に展開する組織に変身します。武力でパレスチナを奪い取るべきだと主張・行動する組織に劇的に変わります。

武力闘争をするといっても、イスラエルは国家になっていますね。強大な軍事力を持っています。非常に強い力を持っているイスラエルとまともに戦っても、勝てるわけがありません。というわけで、ゲリラ闘争を始めます。力の弱い者が強大な相手に対抗するため、少人数の武装グループが神出鬼没に相手を襲う。これをゲリラ闘争と言うのですが、これを繰り広げます。

湾岸戦争が起きた

このパレスチナ問題に転機が訪れます。一九九一年の湾岸戦争です。

湾岸戦争の前年の一九九〇年、イラクがクウェートに攻め込みました。イラクのフセイン大統領は、なぜクウェートに攻め込んだのか。

イラクの南東部に小さな国があります。これがクウェートです。もともとこのクウェートもイラクもオスマン帝国でした。オスマン帝国が解体してしまった後、イギリスがクウェートとイラクに分けたのです。

イラクのフセイン大統領は、「もともとクウェートもイラクの一部だったのに、イギリスによって勝手に分割されてしまった」という恨みを持っていたこともあり、クウェートを自分のものにしようと考えたのです。

さらに、イラクのフセイン大統領は、アラブ諸国とりわけクウェートに対する恨みを持っていました。

その少し前まで、イラクはイランと戦争をしていました。一九八〇年から一九八八年まで、イラン＝イラク戦争というのがありました。だらだらと九年も戦争したものですから、日本では、これを「イライラ戦争」と名づけたぐらいの戦争があったのです。

一九七九年にイランで革命が起きました。もともとイランには親米の国王がいたのですが、その国王のやり方に反対する人たちが革命を起こします。親米国家イランを、「イスラム教の教えに忠実な国家にしよう」という人たちが立ち上がり、国王は国外に逃亡します。この革命を、「イラン・イスラム革命」といいます。それまでの国王のやり方に反対していたホメイニという人が、フランスに亡命していたのですが、革命の指導者としてイランに戻り、革命を指導します。当初、イラン国内は大混乱に陥ります。

これを見たイラクのフセイン大統領は、「しめた」と考えたのですね。イランとの間に、国境線がどこかという問題を抱えていたからです。今ならイランは大混乱。今、攻め込めば我々が勝ち、領土を拡大できると考え、イランに攻め込んだのです。

ところが、これが大いなる誤算でした。イランはそれまで国内が混乱していたのですが、よその国が攻めて来たことによって、国がひとつにまとまるのです。イラクが攻めたことによって、イラン革命は成功するのです。結果的にイランという国がひとつにまとまって、イラクと激しい戦争をします。

一九八八年まで戦争した結果、結局、どちらもクタクタになって、勝ち負けがないまま、戦争が終わります。

ところが、ここでイラクのフセイン大統領は勝手なことを考えます。中東の多くの国はアラブ民族ですが、イランだけはペルシャ人。イラン・イスラム革命はペルシャ人が起こした革命で、アラブの国々と全く異質の考え方を持っていました。このイスラム革命の思想が中東に広がったら大変だと多くのアラブの国の指導者たちは危機感を持っていました。イラクのフセイン大統領にしてみれば、アラブ諸国の利益を代表して、イランの革命思想が中東各地に拡大するのを防ぐためにイランと戦争をしたつもりでした。湾岸諸国はイラクに資金援助しました。ところが戦後、クウェートだけがイラクに対して援助の返済を要求したのです。また、クウェートは戦争中、イラクとの国境地帯の油田から大量に採掘を行い、これをイラクのフセイン大統領は「盗掘」と発表しました。

こうして一九九〇年、イラクは突然、クウェートに攻め込みます。これが「湾岸危機」と呼ばれるものです。

ペルシャ湾のあたりで起きたものだから、湾岸危機と言うのですが、これに対してアメリカの当時のブッシュ大統領（パパ・ブッシュ）は、イラクをクウェートから追い出すべきだと考えました。そこで世界の国々に呼びかけて多国籍軍という軍隊を組織して、イラクを攻撃し、イラク軍をクウェートから追い出します。

このとき国連がイラクに対して、クウェートからの撤退を求める決議を採択したのに対して、フセイン大統領は、こう言いました。「クウェートから出て行けというなら出て行ってもいい。でも、もともとイスラエルは国連が決議で決めた以上の土地を不法に占領している。我々にクウェートから出て行けと言うなら、その前にイスラエルに対してパレスチナから出て行けと言うべきではないか。イスラエルがパレスチナから出て行くのだったら、我々もクウェートから出て行く」と。

これにパレスチナの人たちが大喜びをします。「フセイン大統領、よく言ってくれた」というわけで、ＰＬＯのアラファト議長はイラクのフセイン大統領を全面的に支持すると宣言しました。

ところが皮肉なことに、ＰＬＯの活動資金の大半は、実は大金持ちのクウェートとサウジアラビアが出してくれていたのです。クウェートのおかげでＰＬＯは成り立っていた。ところが、そのアラファト議長は、クウェートを占領したイラクを支持すると言ってしまったものだから、クウェートがかんかんになって怒ります。他のアラブ諸国も、フセイン大統領を支持するPLOはけしからんということになり、突然、PLOへのお金の流れが止まってしまうのです。

PLOは軍事組織も持っていましたが、その人たちの給料が払えなくなります。PLOはすっかり困ってしまったのです。これが転機になりました。

「オスロ合意」が誕生した

こういう状態になったときに、和平を進めましょうと乗り出したのがノルウェーです。北欧のノルウェーという国は、しばしば「世界のさまざまな紛争を何とか解決しよう」といって乗り出してくるのです。世界平和のために自分たちは力を尽くそうというのがノルウェーという国で、中東問題についても、ノルウェーの首都オスロで秘密交渉を始めます。

その結果、パレスチナ問題の解決策として、合意案がまとまりました。これが一九九三年の「オスロ合意」です。

オスロ合意にもとづいて、パレスチナのアラファト議長とイスラエルの当時のラビン

クリントン大統領の前で、握手するラビン首相（左）とアラファト議長（右）

首相が握手をする写真を見てください。その仲介役、証人になったのが、アメリカのクリントン大統領です。ワシントンのホワイトハウスの前で両者に握手をさせた有名な写真があります。真ん中にクリントン大統領がいて、その両側にアラファト議長とラビン首相がいます。ラビン首相が嫌そうな顔をしながら、アラファト議長と握手をしている様子がうかがえます。

オスロ合意とはどういうものか。一六七ページの地図を見てください。

第三次中東戦争の結果、ガザ地区もヨルダン川西岸地区も、イスラエルが占領していました。この二つの地区で、まずはパレスチナ人自身による自治から始めようということになりました。これが「パレスチナ自治区」です。

パレスチナの住民の直接選挙で、パレスチナ自治政府の議長、つまり大統領を選びました。初代議長は、アラファトPLO議長でした。

パレスチナ自治政府の議長、それからパレスチナ評議会（議会）の、両方の選挙が実施されました。

これは、ある種アメリカ型の国ですね。アメリカは大統領と議会を別々に選ぶでしょう。同じようにパレスチナでも、大統領にあたる議長と、国会議員にあたる評議会の議員を、住民がそれぞれ選挙で選んだのです。

アラファト議長は、その後、二〇〇四年に亡くなります。この「議長」には二つの意味があります。PLOという、国家でも何でもない、イスラエルと戦う組織としてのPLOの議長であると同時に、パレスチナの住民から選ばれたパレスチナ自治政府議長。パレスチナ自治政府ができて以降のアラファト議長といったときは、パレスチナ自治政府の議長という意味で呼ばれることがほとんどでした。これは英語で言えば、プレジデント（大統領）ということになるわけですね。

こうやってガザ地区とヨルダン川西岸地区に関しては、とりあえずここに自治政府をつくり、ここからイスラエルが次第に撤退をしていきましょうと。最終的に全部撤退した後、ヨルダン川西岸地区とガザ地区にパレスチナ国家をつくりましょうという目標があったのですが、これはなかなか具体化しませんでした。

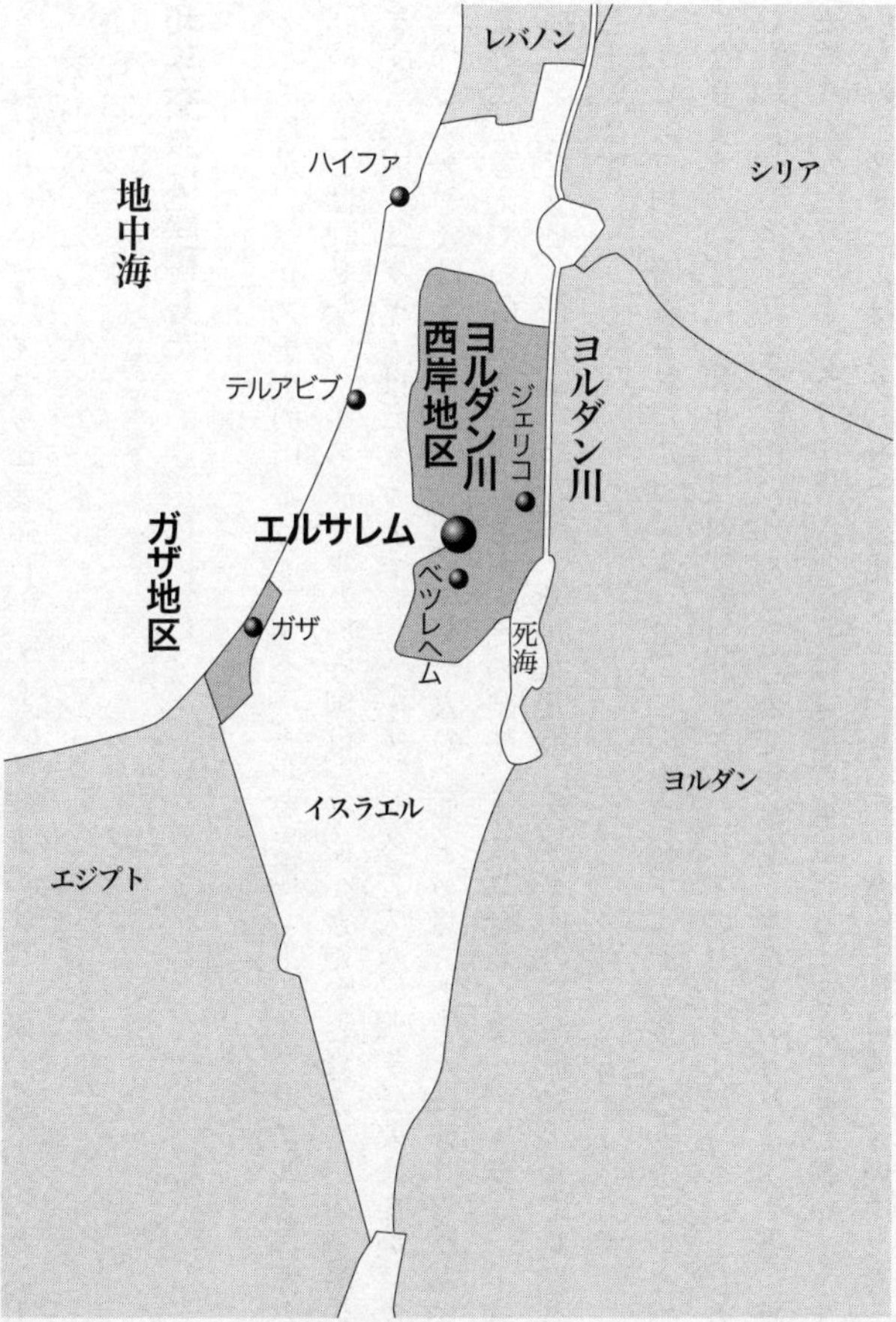
レバノン
シリア
ハイファ
地中海
ヨルダン川西岸地区
ヨルダン川
テルアビブ
ジェリコ
ガザ地区
エルサレム
ベツレヘム
ガザ
死海
ヨルダン
イスラエル
エジプト

これに基づいて、イスラエル軍は、「パレスチナ人の土地」から少しずつ撤退していきます。

和平交渉は座礁した

ところが、パレスチナの中には、「イスラエルと妥協して、イスラエルを国家として認めることは許せない。イスラエルという国はなくすべきだ」と考えている過激派がいます。一方、ユダヤ人はユダヤ人で、「ここをパレスチナ人に渡す必要はない。ここはすべてユダヤ人の土地じゃないか。ユダヤ人の土地をパレスチナ人に分けるなんて許せない」と考えている過激派がいます。その結果、オスロ合意によってアラファト議長と握手をしたラビン首相は、その後、一九九五年にユダヤ人の過激派によって暗殺されてしまいます。

ラビン首相が暗殺されたことによって、この中東和平はその後、なかなか前に進まなくなります。今度は、和平に反対する首相がイスラエルのリーダーに立つことになるのですね。その後、ラビン首相の考え方を認めて妥協すべきだというリーダーと、絶対に妥協なんかしないというリーダーが交互に選挙で選ばれるような状態が続いてきました。現在のイスラエルはネタニヤフ首相で、「パレスチナ人に土地は渡さない」と考えている強硬派です。だから、中東和平は全然進まないままなのです。

一方でパレスチナ側は、アラファト議長という人はカリスマ的な指導者でしたから、アラファト議長が何か言うと、重みが違いました。パレスチナ人たちは、アラファト議長の言うことを聞いたのです。

でも、アラファト議長が亡くなり、カリスマ指導者がいなくなると、この後の指導者が何を言っても言うことを聞かないという人たちが出てきます。その結果、パレスチナ自治政府の中が、アラファト議長の考え方を継承する主流派のファタハというグループと、ハマスというグループに分かれます。

パレスチナは分裂した

ファタハというのは、イスラエルとパレスチナという二つの国家ができても仕方ないと考えている穏健派であり、主流派です。一方、ハマスは、イスラエルなんて絶対許せない。イスラエルという国がなくなるまで戦うべきだという過激派です。

二つに分かれているのですね。

二〇〇六年のパレスチナ評議会（議会）議員選挙で、ハマスがファタハに勝利しました。その後、ガザ地区の中でファタハとハマスが激しい銃撃戦を展開した結果、ハマスが軍事力で勝ち、ファタハのメンバーを殺したり、追い出したりするという形で、ガザ地区をハマスが支配しました。ハマスが全域を支配したことによって、イスラエルもガザ地区からは撤退して、ガザ地区にはイスラエル軍がいなくなりました。

現在、ガザ地区はすべて、ハマスが支配しています。ハマスは、このガザ地区で手製のロケット弾をつくってはイスラエルに向けて発射しています。

手製のロケット弾ですから、どこへ飛んで行くかわからないのですが、それがたまたまユダヤ人が住んでいる住宅に落ちると、そこに住んでいる人が死にます。するとイスラエルは、その報復だといって、ガザ地区を空爆。こんなことが繰り返されています。

分離壁が建設された

イスラエルに対しては、これ以外にも、イスラム過激派が自爆攻撃をかけることもありました。人混みの中で、体に巻いている爆弾を爆発させるのです。

これに対してイスラエルは、パレスチナ人によるテロを防ぐためといって、ヨルダン川西岸地区とガザ地区を、それぞれイスラエル支配地域から切り離す形で巨大な壁をつくります。巨大な壁をつくって、一切出入りができないようにしたのです。何カ所かだけ、検問のポイントを置いて、そこからはパレスチナ人の出入りが認められるけれども、

建設したイスラエルはフェンスと呼び、パレスチナ人はそれを壁と呼ぶ

パレスチナの人々を壁で閉じ込めてしまったのです。さらにヨルダン川西岸地区の中にはユダヤ人の入植地が点在していて、この入植地とパレスチナ人地区とを分ける働きもしています。

これをイスラエルは「フェンス」と呼んでいます。フェンスと呼ぶと、まるで金網のように簡単なもののように思うかもしれませんが、現場に行って見ると、まるで刑務所の壁のようなコンクリートの巨大な分厚い壁ができています。ですから、パレスチナ人はこれをウォール（壁）と呼びます。

呼び方ひとつで、イメージが全然違ってしまいます。イスラエルは、単にフェンスをつくっただけですよと言うのだけれども、実際にはウォールが建っているのです。

第９講

エルサレムは誰のものか？

イスラエル、エルサレムを占領

では、エルサレムはどうなっているのでしょうか。ここは、そもそも国連の分割案では、「国際管理地区」に指定されていました。

ところが、大きなものだけで四回にも上る中東戦争のうち、一九六七年の第三次中東戦争によって、ガザ地区もヨルダン川西岸地区もイスラエルが占領してしまいます。エジプトもヨルダンもイスラエルに負け、両国とも追い出されます。

国連決議で認められたアラブ人の土地を全部、イスラエルが占領してしまったという状態が続いています。

かつてエルサレムは東エルサレムと西エルサレムに分かれていましたが、ヨルダンがつくった壁は取り払われました。一九八〇年、イスラエルはエルサレムを、「分割されることのない、統一された永遠の首都」と宣言します。

このエルサレムに国会議事堂をつくり、大統領官邸も首相公邸もつくり、ここが首都だと宣言をします。

でも、世界の国はそれを認めていません。国連決議でエルサレムは国際管理地区としているわけだから、エルサレムをイスラエルの首都と認めるわけにはいかないのです。世界の国々がエルサレムを首都として認めていない証拠があります。エルサレムには外国の大使館がないのです。大使館というのは相手の国の首都に置くもの。だから、アメリカで日本の大使館はワシントンにあります。逆にアメリカの大使館は東京にあるわけです。

世界の国々のイスラエルでの大使館は、テルアビブにあります。エルサレムは首都として認めていないので、大使館がないのですね。ところが、イスラエルの首相公邸や国会議事堂、官庁は全部、エルサレムにあります。このため、手間暇かかるのですが、世界各国の大使館の大使や職員がイスラエル外務省と話をするときには、テルアビブから車でエルサレムまで行くというやり方をとっています。建前として、ここは首都として認めていないという意思表示になっているのですね。

ただし、アメリカには、イスラエルの味方をする人たちが大勢います。ユダヤロビーといって、ユダヤ人の影響力が非常にあるものですから、アメリカの国会議員の中には、「アメリカ大使館をテルアビブからエルサレムに移すべきだ、エルサレムを首都として認めるべきだ」という運動をしている人たちがいます。今のところ、実現には至っていませんが。

エルサレムは本来、国際管理地区のはずなのに、イスラエルが占領している。パレスチナの人たちは、エルサレムをパレスチナ国家の首都としたい。ひとつの街をめぐり、二つの勢力が、それぞれ自国の首都にしたいと考えている。それが、エルサレムという街なのです。

エルサレムはユダヤ教徒の聖地

なぜエルサレムは、こんなにややこしいことになっているのか。それは、ここが、異なる宗教の聖地になっているからです。

エルサレムの旧市街地は、約一キロ四方の城壁に囲まれた地区です。一キロ四方といえば、東京ディズニーランド程度の広さ。ここに、ユダヤ教徒の聖地である神殿の丘があり、イスラム教徒の聖地である岩のドームがあり、キリスト教徒にとっての聖地である「聖墳墓教会」があるのです。

どうして、こんなことになっているのか。『旧約聖書』(ユダヤ教徒の『律法』)にさかのぼります。『旧約聖書』の中に、ユダヤ人の祖先であるアブラハムという人物が神に試される話がでてきます。神は、アブラハムに対し、こう言います。

「さあ、目を上げて、あなたがいる場所から東西南北を見渡しなさい。見えるかぎりの

三つの宗教の聖地が混在する、エルサレムの旧市街地

土地をすべて、わたしは永久にあなたとあなたの子孫に与える」（『創世記』第一三章一四、一五節・新共同訳による）

ユダヤ人が、パレスチナ（当時は「カナンの地」）は神から与えられた土地だと主張する根拠が、これなのです。さらに、こういう言葉も出てきます。

「わたしは、あなたとの間に、また後に続く子孫との間に契約を立て、それを永遠の契約とする。そして、あなたとあなたの子孫の神となる。わたしは、あなたが滞在しているこのカナンのすべての土地を、あなたとその子孫に、永久の所有地として与える。わたしは彼らの神となる」

やがてアブラハムに息子イサクが生まれると、神はアブラハムの信仰心を試します。

「あなたの息子、あなたの愛する独り子イサクを連れて」「わたしが命じる山の一つに登り、彼を焼き尽くす献《ささ》げ物としてささげなさい」

神は、アブラハムの信仰心を試すため、一人息子のイサクを犠牲にするように命じたのです。アブラハムは、言いつけを守り、神に命じられた場所に祭壇を築いて薪《たきぎ》を並べ、イサクを縛って薪の上に載せ、刃物でわが子を殺そうとするのです。

すると、天から主の御使い（つまり天使）がアブラハムに呼びかけます。

「その子に手を下すな。何もしてはならない。あなたが神を畏れる者であることが、今、分かったからだ。あなたは、自分の独り子である息子すら、わたしにささげることを惜しまなかった」

驚くべき話ですね。わが子を神に捧げる必要がなくなると、その場所の近くで、羊が角を樹木に引っかけて動けなくなっているのを見つけ、アブラハムはわが子の代わりに、この羊を焼いて神への捧げ物とします。ここから、「犠牲の羊」という言葉が生まれます。身代わりになったのです。

ユダヤ人は、先祖アブラハムが神からの言葉を聞いた山の上に神殿を築きます。わが子イサクを捧げようとした場所の岩を中心にして、神殿を築いたのです。巨大で広壮なものだったようです。

ところが、この神殿は、やがてローマ帝国によって破壊されてしまいます。その結果、

「嘆きの壁」で祈りを捧げるユダヤ人たち

西の壁だけが残されました。この壁は「嘆きの壁」と呼ばれます。ユダヤ教徒たちが熱心にお祈りをしている場所です。

なぜ「嘆きの壁」という名前がついたのでしょうか。これには二通りの説があります。

一つは、二〇〇〇年前に存在した神殿が今は存在しないという、ユダヤ人の過酷な歴史を嘆いて人々が涙を流すので、嘆きの壁と呼ばれるようになった、というものです。

もう一つは、壁が嘆いている、というものです。ここは砂漠地帯ですから、空気が乾燥していますが、夜の間に空気中の水蒸気が冷やされて岩について水滴になります。朝早く、この嘆きの壁に行くと、壁が濡れているのです。乾燥している場所なのに、ここだけ濡れているので、壁がユダヤ人の運命を思って泣いている、というわけです。

嘆きの壁をよく見ると、壁を構成している岩の間に草が生えています。ここに水分があることがわかります。

エルサレムはイスラム教徒の聖地

一方、エルサレムは、イスラム教の聖地でもあります。

神様の声を聞いたというムハンマドは、ある夜、メッカから天使と共に「遠いモスク」に飛んでいき、そこから天に上がって、七層からなる天を上に上っていき、神に会うと共に、かつて神の声を聞いた預言者たち、アダム、アブラハムや、モーゼ、イエスに会い、再び地上に戻ってきたといいます。

では、その「遠いモスク」があるのはどこかということになって、メッカから遠く離れたエルサレムだろうということになりました。

ムハンマドは天使に連れられてエルサレムに来て、エルサレムの神殿の丘にあった岩の上に手をついて、そこから天に上ったとされています。その岩には、ムハンマドが手をついた、その手の跡が残っていると言われています。

そうなりますと、そんなに大事な岩を雨ざらしにしておくわけにはいかないということになり、これをドームで覆おうということになって、「岩のドーム」が建設されました。ドームは金箔《きんぱく》で美しく飾られました。

エルサレムの岩のドームの岩とは、もともとアブラハムがわが子イサクを神に捧げようとした場所の岩であり、その後、ムハンマドが天に上るときに通った岩でもある、ということなのです。

岩が、ユダヤ人にとってもイスラム教徒にとっても、大事な存在なのです。

この岩のドームがある神殿の丘の南側に、イスラム教徒が礼拝する「アルアクサー・モスク」が建設されました。エルサレムに住んでいるイスラム教徒たちは、金曜日の午後になると、集団礼拝のためにここに来て、アルアクサー・モスクでお祈りをします。モスクに入りきれない場合は、外で礼拝をします。礼拝はメッカの方角に向かって行われます。神殿の丘の場合、メッカは南の方角です。つまり、イスラム教徒は、岩のドームにお尻を向ける形で礼拝するのです。

岩のドームは、かつてはイスラム教徒でない人も入れたのですが、今はイスラム教徒以外は入れません。ただし、岩のドームがある神殿の丘自体は、時間を限って午前一時間、午後一時間だけ、イスラム教徒でない観光客も入れます。私も、その時間に神殿の丘に入りました。

岩のドームは、小さな窓があって、外から覗《のぞ》くことができました。岩のドームの中は、イスラム教徒の子どもたちの遊び場になっていました。窓から覗くと、ドームの中央部に、ライトアップされた岩が見えました。「これが例の岩なのか」と、感慨無量になりました。

もともとアブラハムという『旧約聖書』に出てくる、ユダヤ人にとってのご先祖様が神様の声を聞いたという場所に神殿をつくり、その神殿が破壊されてしまったところに今度はイスラム教徒が岩のドームをつくったという関係になります。

今、ここ一帯はイスラエルが支配しているわけですが、岩のドームがある神殿の丘は、イスラム教徒にとっても聖なる場所なのだというので、イスラム教徒の人たちによって管理されています。

ここへは、嘆きの壁側から中に入るゲートがあります。このゲートは、不思議なことに、イスラム教徒の人たちとイスラエルの警察とが共同で警備しています。イスラエルの場合は、「ボーダーポリス」(境界警察)という警察が警備しています。

これがまた不思議です。イスラエルとしては、ここは首都です。イスラエルの首都の中ですから、たとえイスラム教徒との境であっても、軍隊を置くわけにはいきません。軍隊というのは国境線を守るもの。よその国との国境を警備するのが軍隊であって、ここにイスラエルが軍隊を置いたら、ここが国境線で、神殿の丘はイスラエルのものではないということになってしまいます。それは認められません。だから、軍隊は置けないのです。

「アルアクサー・モスク」でメッカの方角に向かって祈るイスラム教徒たち

とはいえ、もしイスラム教徒との抗争事件が勃発したら、通常の警察官の拳銃ぐらいの装備では太刀打ちできないかもしれません。そこで、軍隊並みの装備が要るのですが、軍隊と名乗れないので、「ボーダーポリス」といって、警察と軍隊の間のような存在の組織を置いているのです。でも、装備はどう見たって軍隊そのものでした。本音と建前が、ここにもあるのですね。

イスラム教徒とイスラエルのボーダーポリスの人たちは、共同警備しながら、仲良く話をしていました。お互いにとっての聖地であることから、ここを守るということにおいては利害が一致するからなのですね。この光景を見ると、お互いにとっての聖地なのだから、なんとか仲良くできないものなのかと思ってしまいます。

とはいえ、もし一般のユダヤ人がここに入って来るとイスラム教徒が反発して、争いごとになりかねませんね。入口のところにユダヤ人向けの掲示板があります。英語とユダヤ人の言葉のヘブライ語で書いてあります。「ここから先は極めて聖なる土地であるから、むやみに立ち入ってはいけない」と。

こういう言い方で、ユダヤ人が立ち入らないようにしているのです。非常に政治的で、うまい言い方ですね。ユダヤ人の本音で言えば、岩のドームやアルアクサー・モスクなど、イスラム教徒がつくったものは全部取り壊して、昔のようにここに神殿をつくりたいのです。

でも、そんなことをしたら戦争になってしまいますから、神殿はつくれない。中に入りたいけれども、中に入るとまたイスラム教徒と争いごとになるから、入るわけにもいかない。

だからといって、入るなというと、ユダヤ教の熱心な信者が怒るから、聖なる場所だからむやみに立ち入らないようにという看板を出しているわけです。

もちろん、ここに入るときには金属探知機で厳重にチェックされます。爆弾など持っていないかどうかをチェックされた上で入ることができるのです。

エルサレムはキリスト教徒の聖地

そして、ここは、イエス・キリストが十字架にかけられた場所でもあります。エルサレムにはユダヤ教の神殿がありました。ベツレヘムで生まれたイエスは、パレスチナの各地で布教活動を続け、最終的に、神殿があるエルサレムに入って来て、ここで捕まってしまいます。捕まって十字架にかけられた場所が、ゴルゴタの丘という場所です。

そのゴルゴタの丘に建設されたのが、聖墳墓教会です。イエス・キリストの聖なる墓があった場所に建てられた教会、という意味です。

ユダヤ教の神殿の跡があり、イスラム教徒にとっての岩のドームがあり、そしてイエスが十字架にかけられた場所があります。三つの宗教の聖地がここに集中しているのです。この神殿の丘から見ると、南方の場所に、シオンの丘があります。

神殿の丘の東方には、オリーブ山という小さな山があります。イエスは十字架にかけられて殺されたのだけれども、数日後に復活を果たしたと言われています。復活して信者たちに最後の別れを告げた後、このオリーブ山から天国に上っていったと言われているのです。

聖墳墓教会の中には、イエス・キリストの遺体が一時安置されたと言われている岩の板があります。そこに世界中からキリスト教徒が巡礼に来て、キスしていくのです。これまでに一体何百万人が、ここでキスをしたのだろうと思ってしまいました。

しかし、ここで問題があります。キリスト教は、成立後、いくつにも分裂しました。このため、この教会を、キリスト教のどこの派が管理するのかという問題が出てきました。イエス・キリストが磔にされた十字架の柱があったと言われている場所には、祭壇が設けられています。ここに、十字架にかけられたイエスの像があって、毎日ミサが行われますが、カトリックとギリシャ正教とアルメニア教会が、時間をずらしてミサをしています。教会の中は、いくつものキリスト教の派が共同管理しているのです。

夜の間はもちろん、各派の人たちが泊り込みます。外からの侵入を防ぐために鍵をかけます。では、誰が鍵を管理するのか。

イエス・キリストの遺体が安置されたという「聖墳墓教会」の内部

特定の派の人が鍵を開け閉めすると、その派が教会を管理している、ということになってしまいます。それを避けるため、聖墳墓教会の近くに住んでいるイスラム教徒の家の子どもが、鍵を開け閉めしているのです。

聖墳墓教会の入口のドアは、外からしか開け閉めできません。そこで、イスラム教徒の子どもに鍵をかけてもらうのです。

イエス・キリストの墓があったという場所を守る大事な教会なのに、その鍵の管理、鍵の開け閉めは、実はイスラム教徒に頼んでいる。キリスト教徒の中でやると、争いごとになるからなのですね。

二〇〇八年、教会の中で、ミサの順番をめぐって、キリスト教徒同士が殴り合いを演じるという、この場所ならではのことが起きています。

旧市街は四つに分かれる

旧市街は、大きく四つに分かれています。ユダヤ人地区、イスラム教徒地区、キリスト教徒地区、そしてアルメニア人地区です。アルメニア人地区とはどういうところかというと、キリスト教の中で、かつて異端とされたアルメニア教会の人たちが、ここに住み込んでいるからです。神学校などがあって、この地区はアルメニア教徒の人たちが管理しています。

どうしてかといえば、世界で最初にキリスト教を国の教え、国教にしたのがアルメニアだからです。世界で最初に国民がみんなキリスト教徒になったのがアルメニアなので、既得権というわけですね。

イエス・キリストはゴルゴタの丘に行くまでの間、十字架を背負わされて歩かされたというので、世界中から巡礼に来たキリスト教徒の人たちは、イエス・キリストがかつて十字架を背負って歩いたであろうという道を歩きます。貸出し用の十字架というのがあって、その十字架を担いで、イエス・キリストが歩いたという場所を、賛美歌を歌いながら歩き、聖墳墓教会まで行くのです。

キリスト教徒の人たちが賛美歌を歌いながら歩いていると、イスラム教徒の人たちの

エルサレム旧市街

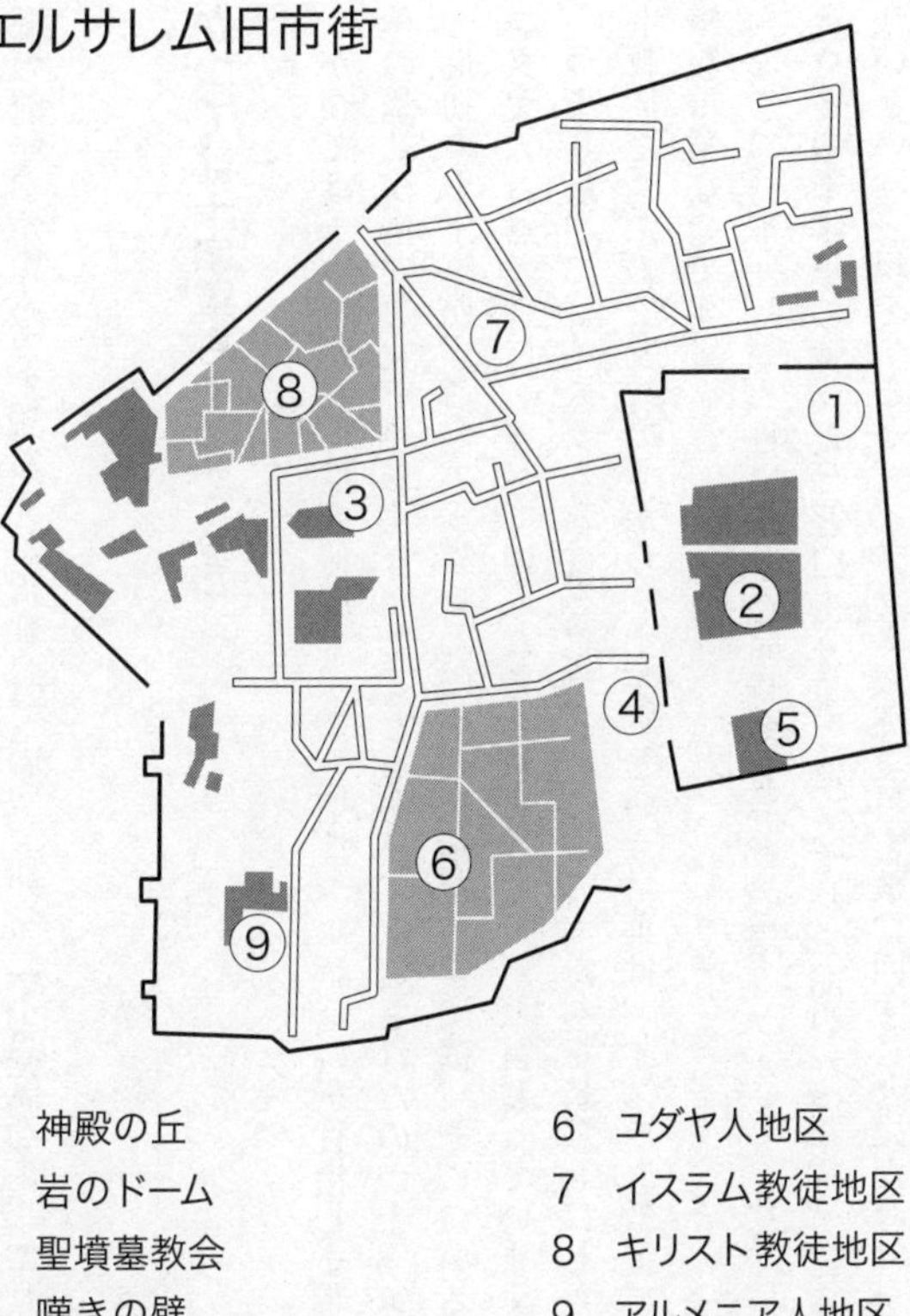

1　神殿の丘
2　岩のドーム
3　聖墳墓教会
4　嘆きの壁
5　アルアクサー・モスク
6　ユダヤ人地区
7　イスラム教徒地区
8　キリスト教徒地区
9　アルメニア人地区

お祈りを呼びかけるモスクからのアザーンが聞こえてくる。一方、ユダヤ人は、嘆きの壁の前で、『律法』を読んでお祈りしている。非常に不思議な街、これがエルサレムです。

かつては十字軍もやってきた

かつては十字軍が、何度も何度も、この聖地エルサレムを目指しました。エルサレムへの巡礼が治安悪化で難しくなったこともあり、派遣されたのが十字軍です。最初の十字軍が、このエルサレムに攻め込んだときには、そこにいるイスラム教徒も、ユダヤ人も無差別に、すべての人たちを殺し尽くしたと言われています。つまり最初に、イスラム教徒を攻撃し、ここの人たちを皆殺しにしたのは実はキリスト教徒だったのです。ですから、十字軍という言葉は、イスラム教徒にとっては悪夢。嫌な言葉なのです。

二〇〇一年九月一一日に起きた同時多発テロの際、ブッシュ大統領は、「これからはテロとの十字軍の戦いだ」と口走りました。それを聞いた周辺の人たちが、「十字軍の戦いという表現をすると、イスラム教徒全員を敵に回すことになり、テロとの戦いどころではなくなります」と忠告。ブッシュ大統領は十字軍という表現を撤回しました。世界の歴史を知らないと、思わぬトラブルになるということですね。

イスラム教徒にとって、十字は、十字軍を思わせます。このため、イスラム世界では、「赤十字」という組織は、この名前ではありません。「赤新月社《せきしんげつしゃ》」といいます。赤い新月のマークです。それほどまでに、嫌なイメージが染みついているのが、十字であり、十字軍なのです。

イスラエルにアラブ系住民激増中

エルサレムは、場所によって、雰囲気が大きく異なります。かつてエルサレムは、イスラエル側の西エルサレム、ヨルダンが占領した東エルサレムに分割されていたという話をしました。その歴史的経緯から、かつてヨルダンが占領していた東エルサレムのあたりを歩くと、ここは本当にイスラエルの中なのか、と思うほど、アラブ系住民が多数住んでいます。イスラエルには、ユダヤ人ばかりでなく、アラブ系住民も大勢暮らしているのです。

パレスチナにイスラエルという国ができた後、多くのアラブ人たちは難民となって逃げて行き、パレスチナ人になりました。でも、そのままそこの土地にとどまって、イスラエルという国ができたときに、イスラエルの国民になったアラブ人たちもいるのです。

イスラエル国籍を持っているアラブ人のイスラム教徒やキリスト教徒たちがいるのです。

イスラエルという国は「ユダヤ人の国」という言い方をしますが、厳密に言うと、そうではないのです。イスラエル国籍を持ったアラブ人たちもいるのだということですね。

そのアラブ人たちは、パレスチナ人との連帯意識を持っていますから、イスラエルという国に対して反発を強める者もいます。その一方で、イスラエルに生まれて育ったアラブ人の中には、自分の母国はイスラエルだという意識を持った若者たちも生まれてきています。

以前はイスラエルの中で、ユダヤ人とアラブ人では出生率がまったく異なっていました。ユダヤ人は出生率が非常に低いのに対して、アラブ人は、神様の言いつけ通り避妊をしないので、出生率が非常に高かったのです。イスラエルという国でアラブ人の比率がどんどん増えていく。二一世紀中には、イスラエルの国民の過半数はアラブ人になってしまいそうな勢いでした。

こうなると、危機感を持つのがユダヤ人たち。出生率が上がらなければ、世界中からユダヤ人をここに移住させればいいんだということになります。このため、世界各地からユダヤ人をイスラエルに移住させるという大作戦を展開しました。

かつてソ連という国がありました。ソ連の中にもユダヤ人が大勢いたのだけれども、そのソ連が崩壊してロシアになったときに、大勢のロシアのユダヤ人たちがイスラエルに移り住んできました。

あるいはアフリカのエチオピアのあたりにも大勢のユダヤ人がいたので、エチオピアのユダヤ人をイスラエルに移送するという大作戦も行われました。ロシアのユダヤ人はスラブ人、白人です。一方、エチオピアの人たちはみんな黒人です。ユダヤ人といっても、肌の色がいろいろなのです。

そして今、中国のユダヤ人をイスラエルに移住させようという計画がイスラエルと中国政府の間で進んでいます。中国にユダヤ人がいると聞くと、不思議でしょう。かつて王国が滅びた後、ユダヤ人たちは、世界各地に離散しました。そのときに北に向かった人たちは、ヨーロッパやロシアに住み着くようになりました。

一方、南に逃げて行った人たちは、やがてアフリカの人になり、黒人たちのなかにユダヤ人が増えていきました。さらに遠く東に逃げて行って住み着いたら、いつの間にか中国人になっていたという人たちもいるのです。

イスラエルに行ってユダヤ人を見ると、本当に肌の色がいろいろです。でも、最初にイスラエルという国をつくったときは、ヨーロッパの人たちが中心になって移り住んできてつくったものだから、ヨーロッパからのユダヤ人が、イスラエルという社会の中ではトップクラスにいます。

その後、ロシアから移住してきたスラブ系の人たちが、その下に位置します。さらに、アジアやアフリカから来た人たちが、その下に位置します。白人で二段階、そしてアジア・アフリカの人という計三段階の階層、階級社会のようなものがイスラエルの中にはでき上がっています。

米のオバマ大統領、和平を進めようとするが

中東問題は、どうなるのか。オスロ合意に示されるように、ここにイスラエルという国とパレスチナという国が共存していくのが望ましいことは事実でしょう。どちらも互いの存在を認め、平和に暮らすというのが大事なことなのですが、その場合、エルサレムをどうするのかという大きな問題があります。エルサレムはどちらの首都なのか、ということです。

そんなにもめるのであれば、それぞれの首都にしてしまえばいいだろう、共同の首都にしてしまえばいいではないかと私などは思ってしまうのですが、それぞれの当事者にしてみると、そうもいかないということがあります。

中東問題は、今のところ、根本的な解決の糸口が見つかりません。それでも、アメリカのオバマ大統領は何とか中東和平を進めようとしました。その前のブッシュ大統領は中東和平に関心がなかったものですから、中東和平が進んでいなかったのですが、オバ

マ大統領は、何とか中東和平を進めようとしたのでした。

パレスチナ側とイスラエル側が直接の話し合いができないのであれば、アメリカや国連が間に入って、間接的に交渉を続けましょうということになって、二〇一〇年には中東和平をめぐる間接交渉が始まりました。

両方の当事者が話し合えばいいのですが、それでは喧嘩《けんか》になってしまうので、間にアメリカや国連が仲介役に入って、それぞれの言い分を聞き、これを取り次ぐという形で改めて交渉をやりましょうということが始まったのです。しかし、これもうまく進みませんでした。

ユダヤ人入植地建設進む

さらに、イスラエルにネタニヤフという強硬派の首相が誕生したことで、一段と和平交渉は困難になっています。ガザ地区とヨルダン川西岸地区は、やがてはパレスチナ国家にするという大方針があるにもかかわらず、ネタニヤフ首相は、ヨルダン川西岸地区の中にユダヤ人の入植地を新規に建設しているのです。ヨルダン川西岸地区から撤退するはずなのに、撤退が止まったどころか、新たにここに入植、つまり植民地のように、パレスチナの国家になる場所にユダヤ人の住宅街を建設しているのです。

これは厳密に言いますと国際法違反です。国際法という、つまり戦争のルールを定めたようなものがあって、戦争の結果、占領したら、占領した場所の現状を変えてはいけないという決まりがあります。ヨルダン川西岸地区をイスラエルは占領しています。そこの現状を変えてはいけないはずなのに、そこにユダヤ人の入植地をつくっていくということは、これは明白な国際法違反になるのです。

イスラエルが新たな入植地をつくり始めたことに対して、アメリカは民主党政権になって、オバマ大統領やクリントン国務長官が不快感を表明しました。イスラエルに対して、「そんなことはやめなさいよ」と言ったのです。

ただし、不快感の表明という言い方はしていますが、それ以上のことはやっていないということですね。その前のブッシュ大統領のときは全く無関心でした。

パレスチナの人たちが住んでいるところは、土地も貧しいし、貧弱な建物ばかりです。そうした貧相な住宅が立ち並ぶ場所から少し離れた場所に、真っ白な塀で囲まれて、全体が厳重な警備をされた敷地がいくつもあります。それが、ユダヤ人の入植地ということです。子どもたちが、ユダヤ人入植地から外の近所に遊びに行くときは、必ずその親たちが交代で銃を持って、その子どもたちの警備をしながら付き添っていくという形をとっています。それが今のイスラエルという国なのです。

第10講

湾岸戦争と9・11

アフガニスタンは、どんな国なのか

二〇〇一年九月一一日に発生したアメリカ同時多発テロ。この事件を引き起こしたのが、イスラム原理主義過激派だと伝えられたことから、「イスラムは怖い」というイメージが拡大したように思われます。

しかし、こうした事件が起きるには、それなりの原因が存在します。そこには、東西冷戦やアメリカの身勝手な行動もあるのです。イスラムに関連してニュースになることが多い、アフガニスタンとイラクの動きについて、ここで簡単に振り返っておくことにしましょう。

アメリカでの同時多発テロの遠因は湾岸戦争であり、さらにその前のアフガニスタンでの戦争にさかのぼるのです。

アフガニスタンのすぐ北側は、かつてはソ連という国でした。今、ソ連という国がなくなって、アフガニスタンに面している北側は、タジキスタン、ウズベキスタン、トルクメニスタン、という国になっていますが、タジキスタンもウズベキスタンもトルクメニスタンも昔はソ連の一部でした。昔はソ連とアフガニスタンが国境を接しているという時代が続いていたのです。アフガニスタンの首都カブールは、緯度でいうと日本の大阪と同じぐらいです。

緯度は高くなくても、標高が高く、海がないということから、寒暖の差が大きいのです。夏は暑く、冬は寒い所です。雨はほとんど降りません。山岳地帯で冬の間に降った雪が、春になると解けて地下の伏流水となります。農業を営むには、この伏流水を利用する必要があります。地下から水をくみ上げるという灌漑《かんがい》設備が必要になります。

農業にはあまり向いていないのですが、放っておいても育つ作物があります。それは、ケシです。つまり麻薬の原料なのです。ケシは痩せている土地で育つのです。ケシを栽培して、麻薬の原料として密輸出すれば、高く売れます。農家にとって、貴重な現金収入になるのです。なんとも厄介な土地であることがわかると思います。

ソ連の独特な危機感

アフガニスタンはイスラム国家。かつて国王がいて、非常に平和な国でした。肥沃な大地があるわけではないので、本来なら、周辺の国が欲しがる土地ではないのですが、北にソ連という大国が存在したことが、アフガニスタンにとっての不幸の始まりでした。

ソ連という国は、かつて第二次世界大戦のときにドイツに攻め込まれ、二六〇〇万人以上もの国民が戦争で死んだという歴史があります。これがトラウマとなっています。いつ周辺の国が自国に攻め込んで来るかもしれない。自国の周辺に、自分の言うことを聞く国を置いておかないと、不安で仕方がないのです。

敵対しなければ、中立の国ならいいだろうと思いがちですが、そうではありません。中立な立場の国が、いつ敵対するかわかりません。自国寄りの国家にしておきたいのです。

そんな独自の安全保障概念がもたらしたのが、第二次世界大戦後の東ヨーロッパ諸国でした。第二次大戦でソ連が占領した東ヨーロッパ諸国は、戦後ことごとくソ連の衛星国になりました。「衛星国」とは、地球という惑星のまわりを回る衛星のように、ソ連のまわりに存在する国家のことです。ドイツは分割して、東半分をソ連の衛星国にしました。ポーランド、チェコスロバキア、ハンガリー、ルーマニア、ブルガリアなど。こうした諸国がソ連の周辺に位置して、さらに外側の「外敵」からソ連を守る盾の役割を果たしていました。

ソ連にとっては、これで西側の守りは固めたことになります。問題は南側です。ソ連そして、その前のロシアには、伝統的に「南進論」という戦略がありました。ソ連の港の多くは、冬場になると凍結してしまいます。冬になると、海軍が自由に活動できなくなるのです。商船の行動も制約されます。そこで、不凍港つまり冬でも凍らない港が欲しくて、これを求めて、南に領土を広げたいという思いがありました。まずは、ソ連の南に位置するアフガニスタンを自国の勢力圏にしたかったのです。

アフガニスタンでクーデターを起こさせた

一九七三年、アフガニスタンでクーデターが発生します。国王ザヒル・シャーが病気療養のために国外に出た隙を突いて、国王の従兄のムハンマド・ダウドという元首相がクーデターを起こしたのです。「クーデター」とは、革命とは異なり、政権内部の一部の勢力が、軍事力を使って政権を奪うことです。

ダウドは、一九五〇年代から六〇年代にかけての首相在任中、ソ連に援助を求め、ソ連からの軍事援助を受けます。そのためアフガニスタンにはソ連軍の軍事顧問団が駐留していました。ソ連寄りのこの人物が、王制を廃止して、自ら大統領になります。クーデターの背後に、ソ連の影がちらつきます。

いったんはソ連寄りの政権が成立するのですが、その後、アフガニスタン国内では、再びクーデターが発生。大統領は殺害され、ソ連派が力を失います。これに危機感を抱いたソ連は一九七九年一二月、アフガニスタンに軍を送り込みます。傀儡《かいらい》政権つまり自国の言うがままの政権を樹立させ、一挙に社会主義路線をとります。

これに抗議して、アメリカのカーター大統領は、一九八〇年のモスクワ・オリンピックのボイコットを呼びかけ、日本もオリンピック出場を断念しました。

アフガン国民、ソ連と戦う

ソ連が攻め込んだアフガニスタンは、イスラム教の国。一方のソ連という国は、もともと共産主義をめざす国です。

共産主義という考え方は無神論です。神様なんかいないんだという考え方です。これは、マルクスの「宗教は阿片《あへん》だ」という言葉からきています。

阿片というのは麻薬のこと。世の中の資本家階級は労働者を搾取している。ところが宗教は、「この世では苦しくても、やがて天国に行ける」と主張し、労働者の怒りを抑えつける役割を果たす。宗教は、労働者が搾取されている現実に目覚めることを妨げる役割を果たす麻薬のようなものだという主張です。

宗教を否定する共産党に率いられたソ連という国は、無神論の国です。その国の人たちがアフガニスタンに攻め込んできたわけです。

これにアフガニスタンの国民が怒りました。イスラム教徒には、イスラム教を守るための戦いが義務づけられています。それが「ジハード」でしたね。イスラム教徒の神聖な土地に侵略してきた連中は、よりによって、神を信じない集団だ。神を信じない者たちと戦うことはジハードになる、というわけです。ソ連軍と戦うことがジハードである、聖戦なんだということになり、アフガニスタンにいるイスラム教徒の若者たちがソ連軍との戦いを始めます。アフガニスタン政府軍の兵士たちの中にも、軍を離脱して、ソ連軍と戦う勢力に加わる人たちが生まれました。

　こうなると、世界各地のイスラム教徒たちが、アフガニスタンのイスラム教徒を支援します。「アフガニスタンの若者たちが、神を信じない不心得者と戦っている。同じイスラム教徒として、イスラムの土地を守るために戦っている人たちを助けなくてはいけない」というわけです。パキスタンやサウジアラビアなど世界各地から大勢の若者たちが、ソ連軍との戦いのためにアフガニスタンに馳《は》せ参じました。この中には、当時、サウジアラビアの大金持ちであったオサマ・ビンラディンという人物もいました。彼も、ソ連軍と戦うためにアフガニスタンに駆けつけたのです。

　ソ連軍と戦うイスラム教徒たちのことは、「ムジャヒディン」と呼ばれました。「イスラム聖戦士」ということです。

イスラムゲリラをアメリカが支援

イスラムを守るという御旗《みはた》を掲げてソ連と戦うムジャヒディンたちの動きを見て、東西冷戦でソ連と対立していたアメリカは、しめたと思いました。アメリカはソ連という国をなんとしてもつぶしたいけれど、自分たちが直接出て行くと第三次世界大戦になってしまうから、それはできない。

ソ連は叩きたいのだけど、自分たちには攻撃できない。そこで、アフガニスタンのムジャヒディンたちを応援すれば、ソ連の力を削《そ》ぐことができるだろうと考え、アメリカは、ムジャヒディンたちに援助することになります。

当時のアメリカの国家安全保障問題担当だったブレジンスキー大統領補佐官は、「アフガニスタンを、ソ連にとってのベトナムにしてやる」と密《ひそ》かに発言していました。かつてアメリカは、ソ連や中国の支援を受けた北ベトナム、それに北ベトナムの支援を受けた南ベトナム解放民族戦線と泥沼の戦いを繰り広げ、結局敗北を喫しました。これが、ベトナム戦争です。そこで今度は、アメリカがソ連軍と戦う勢力を支援して、ソ連を泥沼状態に突き落とそうと考えたのです。

では、アフガニスタン国内で戦っているムジャヒディンたちを、どうやって支援するのか、という問題が出てきます。アメリカが直接、アフガニスタンで戦っているムジャヒディンを援助することはできません。アフガニスタンは内陸にあるので、海岸から武器を運び込むわけにもいきません。アフガニスタンの西側はイランになります。イランは、イラン・イスラム革命で、完全な反米国家になっていますから、イランを経由して武器を運び込むこともできません。アフガニスタンの北側はソ連だから問題外。その結果、選ばれたのがパキスタンでした。

アメリカは、まずパキスタンに武器や資金を送り、パキスタン軍を通じて、国境の向こう側のアフガニスタンのムジャヒディンを支援したのです。

ムジャヒディンたちのところには、「スティンガー」という地対空ミサイルなど最新式の兵器が大量に流れ込みました。アフガニスタンのソ連軍は、ヘリコプターを使って空からムジャヒディンたちを攻撃していましたが、ムジャヒディンたちが発射したミサイルによって、次々に撃墜されてしまいます。

そこから戦況が激変。ソ連軍は敗色が濃くなり、とうとうアフガニスタンから撤退に追い込まれます。その大敗北も一因となって、当のソ連という国そのものが結果的に崩壊してしまうのです。

ムジャヒディンによる内戦始まる

ソ連軍が撤退した途端、アメリカはアフガニスタンについて、一切の興味を失ってしまいました。アメリカがアフガニスタンのムジャヒディンを支援したのは、彼らの理念や思想に共感したからではありません。彼らが、アメリカとの共通の敵であるソ連と戦っていたから支援したに過ぎないのです。ソ連が大打撃を受けて撤退すれば、それでアメリカの目的は達せられます。これ以上、アフガニスタンの人々のことを考える必要はなくなるというわけです。ソ連軍が撤退し、アメリカが支援をやめれば、世界のメディアにとっても、報道対象でなくなります。かくして、アフガニスタンは国際社会から見捨てられてしまったのです。

世界が関心を失った後も、アフガニスタンでは戦乱が続きました。アフガニスタンは多民族国家です。みんなイスラム教徒ではあるけれど、さまざまな民族が暮らしています。多数派のパシュトゥン人やタジク人、ウズベク人、ハザラ人などです。ちなみに、アフガニスタンの国民の多くはイスラム教スンニ派ですが、ハザラ人だけは、シーア派です。ハザラ人は、顔つきが日本人そっくりで、日本人がアフガニスタンに行くと、ハザラ人によく間違えられます。

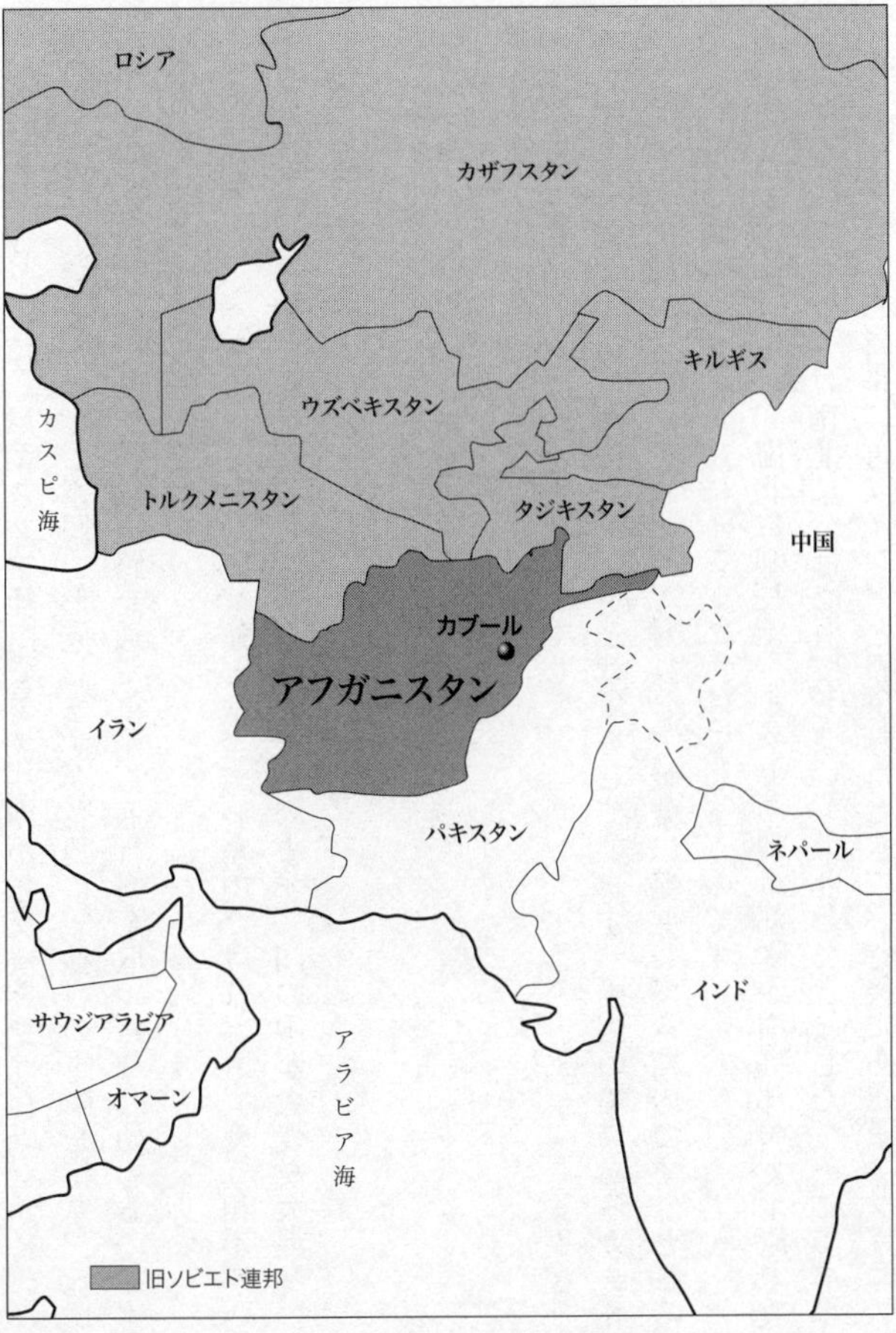
ロシア
カザフスタン
キルギス
ウズベキスタン
カスピ海
トルクメニスタン
タジキスタン
中国
カブール
アフガニスタン
イラン
パキスタン
ネパール
インド
サウジアラビア
アラビア海
オマーン
旧ソビエト連邦

ソ連軍との戦争中に、パキスタン経由でアメリカから支援を受けたムジャヒディンたちは、民族ごとに分かれて、軍閥を形成します。各地に、独自の軍隊を持ち、地域の住民から税金を徴収したり、幹線道路を通る車から通行料を取ったりし始めるのです。中央政府が存在しなくなるのです。

一度は同じムジャヒディンとしてソ連と戦っていたのだけれども、戦う相手がいなくなった途端に、仲間割れを起こし、勢力争いを始めます。国の中が大変な大混乱に陥ってしまいました。

パキスタン、タリバンを育成

この混乱を利用したのがパキスタンでした。

これまでパキスタンは何度もインドと戦争をしています。両国の境にあるカシミール地方はどちらの国のものかをめぐって対立し、戦争に発展してきたのです。ところがパキスタンは、戦争をするたびにインドに負けてしまうのです。

パキスタンという国は、南北に細長く、インドの戦車部隊が中央部の大平原で攻撃してくると、パキスタンは南北に分断されてしまい、敗北してきました。そこでパキスタン軍は考えました。将来、再びインドと戦争したときに、背後にあたるアフガニスタンに、自国寄りの政権を樹立しておけば、背後を突かれる心配はいらないし、いざというときには、いったんアフガニスタンに逃げ込んで態勢を立て直すことも可能になる、と。

さらに、アフガニスタンを経由して中央アジアに向かう石油のパイプライン建設の計画もあり、この権益を確保したいという狙いもありました。

ソ連がアフガニスタンを攻撃したときに、多くの難民がパキスタンに逃げ込んでいます。パキスタン国内に難民キャンプができていました。この難民キャンプにいたアフガニスタンの若者たちは、難民キャンプにつくられた神学校に通っていました。パキスタンには、イスラム教スンニ派の中のデオバンド派という、大変極端なイスラム解釈をする原理主義の人たちがいて、この人たちが、神学校をつくり、生徒たちに、極端な教えを叩き込んでいました。パキスタン軍は、この若者たちに目をつけたのです。

一九九四年、突如として、アフガニスタンに最新兵器で武装した若者たちの部隊が登場します。軍閥によって誘拐されていた女性を助け出し、一躍ヒーローとなります。規律の乱れた軍閥の兵士たちと異なり、規律正しく、強奪や女性に対する暴行などとも無縁な組織は、たちまち国民の支持を得て、支配地域を拡大していきました。

彼らが、タリバンでした。「タリバン」（タリバーンとも）とは、「学生たち」という意味です。パキスタンの神学校の学生たちが主体となった部隊だったので、こう呼ばれました。

彼らが、なぜ短期間にアフガニスタンの国土の大半を支配できたのか。最新の兵器と豊富な資金が理由でした。彼らに、兵器と資金を供給したのは、誰か。答えは明らかですね。パキスタン軍のエリート諜報《ちょうほう》組織であるＩＳＩ（統合情報部）が、タリバンを育成したのです。タリバンの部隊をパキスタン軍が支援していたという説もあります。

アフガニスタンは「異常な」国家に

規律正しいタリバンがアフガニスタンの領土の大半を支配したときに、多くの国民は歓迎しました。「これでやっと平和になる」と考えたからです。事実、北部に追いやられた軍閥（北部同盟と呼ばれた）との内戦が続く北部地域を除くと、アフガニスタンに平和が訪れました。

ところが、これが奇妙な「平和」だったのです。

テレビ放送は「偶像崇拝につながる」として禁止されました。テレビに映し出される人間を「偶像」としてとらえ、「偶像禁止」のイスラムの教えに反する、と解釈したのです。他のイスラム国家では考えられない発想でした。

また、現世の娯楽を禁止しました。現世ではひたすら神のことを思い、楽しみは天国に行ってからにとっておけ、という考え方だったからです。音楽が禁止され、音楽テープは引きちぎられて、捨てられました。自動車の車内で音楽テープを聞いていないか、タリバンの「宗教警察」が自動車を検問し、音楽テープを没収しました。

子どもたちの楽しみだった凧《たこ》あげも禁止されました。

さらにタリバンは、「女性の保護」を理由に、女性たちは家の中にいるべきだという方針を打ち出しました。もし外出する場合は、必ず家族の男性が付き添わなければならない、ということになりました。その結果、独り暮らしの女性は外出もままならなくなってしまいました。女性が外出するときは、全身をすっぽり覆うブルカというマントのようなものの着用を義務づけられました。これは、顔の部分にもネットがかかっていて、外から女性の顔を見ることはまったくできません。

女性は自宅にいるべきもの。学校に行く必要はないとして、女子の教育は廃止されました。女性は外で働いてはいけないということになり、それまでのアフガニスタンの学校の先生は女性が多かったのですが、全員解雇され、家に閉じ込められます。

女性が外で働いてはいけないということになったため、病院の女医さんや女性看護師もいなくなります。そうなると、女性は男性の医師や看護師に診察を受けることになりますが、そもそも女性は、家族以外の男性に自分の体を見せることは禁じられていましたから、女性たちは病院に行けなくなってしまったのです。

治安は回復しましたが、犯罪は厳罰に処せられることになりました。金曜日にはサッカー場に人々を集めて、公開処刑が毎週実施されるようになったのです。

驚くべき社会が出現したのですが、世界は関心を失っていたため、しばらくの間は、タリバンの異常な統治は、ほとんど知られないままでした。

オサマ・ビンラディンがやってきた

世界が関心を失ったアフガニスタンに、一九九六年、オサマ・ビンラディンがやってきました。

オサマ・ビンラディンが、なぜここにやって来たのか。今度は、湾岸戦争が関係してきます。湾岸戦争は、一九九〇年にイラクが隣国クウェートを侵略したことがきっかけになって起きた戦争です。イラクの侵略に対して、アメリカ軍を中心とした多国籍軍が翌年、イラクを攻撃しました。イラクがクウェートを攻撃した際、南の隣国サウジアラビアの政府は、イラクが次は自国を攻撃するのではないかと恐れ、アメリカ軍に助けを求めました。これをきっかけに、サウジアラビア国内に米軍基地が建設されます。

これが、オサマ・ビンラディンにとっては許せなかったのです。サウジアラビアというのは、メッカやメディナというイスラム教にとっての聖地がある場所だ。そこに異教徒の軍隊が入ることは絶対に許されないことだ、と。オサマ・ビンラディンは当時、サウジアラビアの国王に対して、「我々がこの国を守るから、アメリカ軍は入れないでくれ」と直訴しましたが、認められませんでした。アメリカ軍が入ることになったことによって、オサマ・ビンラディンはサウジアラビアの王家に対して反発。サウジアラビアの王室を批判したことによって、オサマ・ビンラディンはサウジアラビアから追い出されました。

オサマ・ビンラディンは、いったんアフリカのスーダンに移りますが、ここにもいられなくなり、かつて自分が戦ったアフガニスタンにやってきました。オサマ・ビンラディンは、かつてのムジャヒディンの仲間だとして、タリバンはビンラディンを「客人」として受け入れます。アフガニスタンには、いったん客人として招き入れたら、命をかけても守るという伝統がありました。これ以降、タリバンはビンラディンを守り抜こうとします。

オサマ・ビンラディンは、サウジアラビアの大金持ちの息子でしたから、巨額の資金を持っています。そのお金をタリバンに寄附したり、アフガニスタンの道路整備に使ったりします。タリバンにはありがたい客人です。

また、タリバンに守られて、オサマ・ビンラディンはアフガニスタンに基地をつくります。基地のことをアラビア語でアルカイダといいます。これが国際テロ組織アルカイダの誕生です。オサマ・ビンラディンはタリバンに守られながら、アメリカに対するテロ攻撃を考えるのです。

こうして二〇〇一年九月一一日、アメリカで同時多発テロが発生します。

アメリカ、アフガニスタンを攻撃

オサマ・ビンラディンは、湾岸戦争がきっかけになって反米になり、アメリカへのテロ攻撃を考えるようになりますが、ビンラディンのようなムジャヒディンを育成したのは、そもそもアメリカでした。自分たちがやったことが、まるでブーメランのように、自分たちに戻ってきたのです。

また、ビンラディンが反米意識を持つようになった背景には、パレスチナ問題もあります。パレスチナの地にイスラエルという国家が建国されて、イスラム教徒の同胞であるパレスチナ人たちが難民となった。アメリカは、イスラエルの味方をしている。許せない、という思考回路です。

こうしてみると、同時多発テロはもちろん許しがたい犯罪行為ですが、世界のイスラム圏に、反米ムードを広げてしまったのは、アメリカ自身でもあるのです。

二〇〇一年九月の同時多発テロがオサマ・ビンラディンの仕業だとわかったとき、アメリカのブッシュ大統領は、アフガニスタンのタリバン政権に対し、「オサマ・ビンラディンを引き渡せ」と迫りました。

しかし、アフガニスタンには客人をもてなすという考え方があります。命をかけても客人は守るという美意識を持っているものですから、オサマ・ビンラディンを引き渡せと言ったって、そんなことはできないと断りました。するとブッシュ大統領は、「テロリストを匿《かくま》う者もテロリストだ、敵を匿う者も敵だ」と言って、タリバン政府を攻撃しました。これで、タリバン政権はひとたまりもなく崩壊しました。

その後、タリバンに追い詰められていた北部同盟の幹部を起用して、アフガニスタンに新しい政府をつくるところまでいったわけです。

ところが、北部同盟というのは、そもそもは内部対立を繰り返していた軍閥たちです。タリバンが逃走した後、各地に軍閥が戻ってきて、アフガニスタンは、タリバン以前の治安が悪い状態に戻ってしまいました。軍閥たちは再び独自の税金徴収を始め、中央政府には税金がほとんど入らない状態になりました。

軍閥たちによって治安が悪化すれば、国民たちは、「タリバン政権の時代はよかった」と思うようになり、やがてタリバンが復活してくるのです。

アフガニスタンを追われたタリバン勢力は、国境を越えて、パキスタンに逃げ込みます。

この結果、今度はパキスタン国内で、タリバンの影響を受けた「パキスタン・タリバン」の勢力が拡大していきます。このパキスタン・タリバンが、パキスタンの各地でテロをするようになりました。隣国をコントロールしようとタリバンを育成したところ、自国内にも影響を受けた勢力が生まれ、国内が混乱。パキスタンも、まるでブーメランのような事態になっているのです。

アメリカ、今度はイラク攻撃

ブッシュ大統領は当時、アフガニスタンのタリバン政権を倒すと、もうアフガニスタンに興味を失ってしまいます。かつてソ連軍がアフガニスタンから撤退した途端、アメリカがアフガニスタンに関心を失ったように、今度もまた、アフガニスタンへの関心を失ってしまうのです。

ブッシュ大統領が当初から考えていたのは、イラクです。イラクのフセイン政権を倒すために軍大半の力を、イラク攻撃に振り向けてしまいます。

この結果、アフガニスタンの治安は、一段と悪化。アフガニスタン国内の領土の七割をタリバンがまた支配する状態になってしまいました。

イラクがクウェートを侵略した際、湾岸戦争によってアメリカはイラクをクウェートから追い出しましたが、フセイン大統領を倒すまではできませんでした。当時のアメリカ大統領のパパ・ブッシュは、イラクのフセイン大統領がいなくなると、イラク周辺のパワーバランスが崩れて中東が混乱してしまうと冷徹に考え、あえてフセイン大統領を残したのですが、息子のブッシュは、そこまでの考えがありませんでした。優秀な父親に対するコンプレックスを持っている息子のブッシュとしては、父を見返してやりたい。父ができなかったフセイン大統領を倒すことこそが自分が父親を乗り越えることだという思いもありました。また、フセインがパパ・ブッシュ暗殺を企てたことがあるものですから、「父を暗殺しようとしたフセインは許せない」とも発言しています。

その結果、イラクのフセイン大統領が国際テロ組織アルカイダとつながっているという、根拠のない話を持ち出して、イラクを攻撃しました。

実はイラクのフセイン大統領は、アルカイダが大嫌いで、国内にアルカイダを入れようとはしませんでした。にもかかわらずアメリカは、フセイン大統領はアルカイダとつながっていて、ミサイルや生物兵器、化学兵器（毒ガスのこと）などの大量破壊兵器をこっそりつくろうとしているに違いないときめつけて、イラクを攻撃しました。それが二〇〇三年のことでした。

ブッシュ政権の世論操作は成功しました。二〇〇一年の同時多発テロの実行犯の大半がサウジアラビア出身者で、イラク出身者はひとりもいなかったのですが、アメリカがイラクを攻撃した際、多くのアメリカ人は、テロ実行犯の大半はイラク人だと思い込んでいたといわれています。

しかし、イラクに大量破壊兵器は存在していませんでした。それまでブッシュ大統領は、大量破壊兵器を持っているイラクを攻撃すると言っていたのですが、大量破壊兵器がないということがわかった途端、イラクに民主主義をもたらすための聖なる戦いだと、こういう言い方になってしまいました。

イラクが大混乱に

イラクという国家は、大きく三つの勢力に分かれます。国民のほとんどは、イスラム教徒ですが、多数派のシーア派と、少数派のスンニ派に分かれます。イスラム世界全体ではスンニ派が多数派ですが、イラクは、シーア派の聖地の大半が集中していることもあり、シーア派が多数を占めているのです。

一方、民族では、多数派のアラブ人と、少数派のクルド人に分けられます。クルド人は、ほとんどがスンニ派に所属します。クルド人は、もともとヨーロッパ系で、青い目で金髪の人もいるという特徴があります。

かつて、イギリスとフランスが中東に勝手に線を引いて山分けしたとき、クルド人が居住していたクルディスタンは、トルコ、イラク、イランなどに分割されてしまったのです。全部で三〇〇〇万人もいるクルド人ですが、各国においては少数派に陥り、差別されたり弾圧されたりしているのです。

フセイン大統領は独裁者として、自分に歯向かったものは容赦しないという方法で、国の中の平和を保っていました。ところが、イラクに民主主義をつくるのだといって、アメリカがイラクを攻撃して、フセイン大統領を倒した途端、事態は急変します。

これまで恐怖政治によって国がまとまっていたイラクに、恐怖政治がなくなりました。スンニ派もシーア派もクルド人も、今がチャンスだ、今こそ自分たちの出番だと考え、この三者三つ巴《どもえ》の抗争が始まったのです。それまでは結構、スンニ派とシーア派同士で結婚していた夫婦もいたりしたのですが、抗争が激しくなるにつれ、家族や親族が引き裂かれるということもありました。

そのイラクも、今は随分落ち着きました。どうして落ち着いたのか。それは、それまで一緒の地域に住んでいたスンニ派とシーア派が分かれて、別々の場所に住むようになったからです。また、スンニ派の部族を動員して「覚醒評議会」という親米組織をつくり、反米武装勢力に対抗させたことも効果を発揮しました。

アメリカのオバマ大統領は、二〇一〇年八月末をもって、イラク国内に展開していた米軍の戦闘部隊五万人を撤退させました。残りの五万人は、イラク軍の育成などを担当するために、当分の間駐留しますが、最終的には二〇一一年末に完全撤退しました。

ところが、アフガニスタンでは、タリバンが支配地域を拡大し、米軍兵士に犠牲者が増えているものだから、オバマ大統領は、イラクからは兵士を撤退させる一方、アフガニスタンに兵力を増やしました。ブッシュ大統領が始めた戦争をオバマ大統領が、一生懸命、何とかやめさせようとして悪戦苦闘しました。

こうして見ると、ヨーロッパの大国やアメリカなどの都合によって翻弄される人々の姿が浮かび上がってきます。アフガニスタンやイラクでの混乱は、イスラム教徒に直接的な原因があるのではないということが、わかっていただけるのではないでしょうか。

第11講

イスラム金融が世界経済を動かす

9・11でアラブマネーの流れに異変

イスラムが世界を動かす。その典型が、世界のお金の流れが変わったということです。二〇〇一年九月の同時多発テロの際、ブッシュ大統領は、「テロとの戦いは十字軍の戦い」という重大な失言をしました。これをきっかけに、イスラム世界が、アメリカに対する態度を変えます。まるでアメリカ対イスラム世界のような様相になった場合、もし中東の国々や、各国の投資家の資金をアメリカで運用していると、資金が凍結されてしまうのではないかという危機感を抱くようになったのです。

サウジアラビアやアラブ首長国連邦などのオイルマネーは、かつては欧米の金融機関に預けて運用を任せていました。それが突然、「アルカイダと関係のある金融機関だ」「テロ資金が混じっているのではないか」などと言いがかりをつけられて資金が封鎖されてしまっては大変だ、と思うようになるのです。

この結果、二〇〇一年以降、それまでアメリカに流れ込んでいたオイルマネーが逆流を始めます。

資金運用はアメリカに頼るのではなく、自分たちの手で資金を運用できないかと考えるようになるのです。それまで石油を売って先進国から流れ込んでいた資金を、中東産油国は欧米の金融機関に預けることで、世界の資金が循環していました。

しかし、産油国に流入した資金を欧米に還流させずに、自分たちで運用しようということになり、巨額の資金が、中東のマーケットに滞留するようになります。これに、イスラム世界の保守化が加わって、お金の流れが変わります。

イスラム金融への自覚高まる

アメリカのブッシュ政権によるアフガニスタン、イラク攻撃によって、イスラム世界では保守化が進みました。

アメリカがアフガニスタンやイラクを攻撃することが、他の国のイスラム教徒にとっては、「同じイスラム教徒の同胞がアメリカの攻撃を受けている」と感じられたのです。

その結果、イスラム教徒同士の連帯感が高まっていきます。

同じイスラム教徒が悲惨な目にあっているという同情から、やがて自分たちはイスラム教徒なんだというアイデンティティが呼び覚まされてきます。すると、「イスラムの教えに忠実でなければいけない」という意識が高まり、イスラムの教え、原理原則に戻った生き方を見直してみようと考える人たちが増えてきました。
そこから、大量に滞留することになった資金運用の方法も、イスラムの教えに忠実であろうという意識が高まります。『コーラン』には、資金運用に関する教えも出ているからです。

利子を取ってはいけないという教え

神の言葉を聞いたというムハンマドは、アラブ商人だったこともあり、『コーラン』には、日常の商売の仕方についても、こと細かく神の言葉が記されています。資金運用に関しても記述があるのです。

アッラーは商売はお許しになった、だが利息取りは禁じ給うた。神様からお小言を頂戴しておとなしくそんなこと（利子を取ること）をやめるなら、まあ、それまでに儲《もう》けた分だけは見のがしてもやろうし、ともかくアッラーが悪くはなさるまい。だがまた逆戻りなどするようなら、それこそ地獄の劫火《ごうか》の住人となって、永遠に出してはいただけまいぞ。（二章二七六節）

つまり、商売をするのはいい。商売してお金を増やすことは、自由にやりなさい。しかし、誰かにお金を貸して利子を取るということはやってはいけないよと書いてあるのです。

これまで他人にお金を貸して利子を取ってきた。それはいけない。今すぐにやめるなら、これまでの分は見逃してやろう。しかし、以後、利子を取るようなことをしたら、地獄に落ちる、というのです。

他人にお金を貸しても、利子を取らなければいい。しかし、利子を取るようになると、いわば「不労所得」になるという考え方ですね。商売などに努力して、自分で資金を稼ぐことは、大いにやりなさい。しかし、他人に資金を貸して働かせ、自分は利子を取って優雅に暮らすようなことはいけない、ということなのですね。

現実問題として、これまでイスラム世界でも利子を取るというのは一般的に行われてきました。しかし、イスラム教徒としての自覚が高まると、そんなことはできなくなってしまったというわけです。誰でも地獄には落ちたくないですから。

銀行にお金を預けると利子がつく。それは私たちが銀行にお金を貸していることです。あるいは、銀行からお金を借りて、家を建てたり、新しい会社を始めようとしたりする。銀行からお金を借りる。それは銀行からしてみれば、個人や会社にお金を貸して利子を取ることになります。

これまでは、オイルマネーは欧米の金融機関に預けて、どうぞ増やしてくださいとやっていたけれども、そういうことはやめて、自分たちでお金を運用していこう。しかし、そのときにイスラムの教え、『コーラン』の教えにもとづいたお金の増やし方をしなければならない、と考えたのです。

さあ、どうするか。ここで注目されたのが、一九七〇年代に生まれていた「イスラム金融」という考え方です。

資本主義経済は利子で発展してきた

私たちの経済は資本主義経済です。この資本主義経済の動力になっているのは利子だという考え方があります。

私たちが銀行にお金を預けます。その一方、新しい仕事を始めたいという会社があります。でも、新しい仕事を始めようにもお金が足りない。そういうときは、銀行からお金を借ります。銀行からお金を借りて、新しい工場を建てたり、従業員を雇ったりして、仕事をしていきます。

そうやってお金を儲けたら、銀行にお金を返します。そのときに必ず利子をつけて返すわけです。会社としては、お金を借りて仕事をしたって、利子を返せるだけ儲けなければいけない。儲けないと、利子が返せないと思うからこそ、一生懸命仕事をします。単純に再生産を続けていたのでは、利子が返せません。拡大再生産を達成して初めて、利子が返せます。

資本主義経済というのは、この「利子を返さなければいけない」と人々が思うことによって、一生懸命仕事をし、経済が拡大していくのだということです。つまり、利子を動力にして資本主義は発展するのです。

ところが、イスラム金融というのは、利子は取ってはいけないよということです。利子を取らずに、どうやって経済は発展できるのか。関係者が悩んで考えついたのが、イスラム金融という考え方です。

金融を「商売」に置き換えた

お金を貸してはいけない。貸して利子を取ってはいけない。だけれども、アッラーは商売はお許しになった。ということは、金貸しを商売に置き換えればいいのだと考えたのです。いろいろなタイプが編み出されたのですが、そのうちのひとつの例を説明しましょう。

銀行がどこかの会社にお金を貸すという形はとらず、会社が「新しい仕事を始めたい」と言ってきたら、まずは銀行がこの会社を買収します。会社を買ってしまいます。会社を買うことは商売ですから、何の問題もありません。

このとき、銀行が会社を買う資金は、銀行にお金を預けてくれた人たちのものです。そこで、銀行にお金を預けた人は、預金者ではなく、銀行と一緒になって会社を買収する共同経営者だと考えます。これなら預金者も、お金を貸したのではなく、投資したということになります。

銀行は、銀行のお客さんたちと一緒になって会社を買収しました。けれども、この会社の経営陣はクビにしないで、そのまま仕事をしてもらいます。その結果、会社が儲かりました。会社が儲かったら、銀行は、会社を経営陣に売ってしまいます。そのときに、買ったときよりも少し高い値段で売ります。そうすると、その分、差額が出ますね。この儲かった差額を、銀行と銀行のお客さんたちで山分けにすればいいわけです。これなら立派な投資つまり商売ということになります。これがイスラム金融という考え方のひとつです。

でも、よく考えると、これはお金を貸して、利子をつけて返してもらったのと同じですね。ところが、イスラム金融の理屈がつくので、これならイスラムの教えに反することなく資金を増やすことができます。

銀行にお金を預けておくと、お金が増えるという仕組みにして、なおかつ、それがイスラム金融だよという理屈がついたら、みんな、喜んで銀行にお金を預けるようになり、ビジネスとして成り立つようになったということです。

いくらイスラム意識が高まって、「イスラム教徒なんだから利子は取らない」という原則を守ろうとしても、現実問題としては、銀行に資金が集まりません。でも、大義名分があって、金儲けができれば、人間は喜んで、堂々と行動するのです。人間とは、不思議なものですね。日本で成功した「エコポイント」も、似たような人間の意識を利用しています。「新製品を買いたい」と思っても、なかなか買えないときに、「これを買えば環境のためにいいのだ」という大義名分があれば、人は財布のヒモを緩めるのです。

イスラムの教えに忠実に商売を

お金の貸し借りはできなくても、株に投資をすることは、株の売り買いだから商売として許されます。そこで、株の売り買いはいいだろうということになって、オイルマネーを豊富に持った投資家は、ヨーロッパの投資会社にお金の運用を頼みます。株を売買するという商売で資金を増やすのですから、何の問題もありません。

ただし、その際、どこの会社の株を買うかは、イスラムの教えにのっとりましょう、ということになります。

『コーラン』には、豚肉を食べてはいけないとあります。ということは、豚肉を扱っている食品会社の株は買ってはいけないよということになります。だから、日本でいえば、豚のエキスが入っている即席ラーメンを製造販売している会社の株は、売買の対象外です。酒を飲んではいけないのですから、アルコール飲料の会社や、豚肉料理や酒も出すホテル、航空会社も売買禁止の対象になります。

『コーラン』にギャンブルもいけないと書いてあるから、ギャンブル関連の会社、具体的に言えばパチンコ機器メーカーなども該当するでしょう。

一方で、不動産取引は問題ありません。土地やビルを買い、不動産としてそれを賃貸に出すことは、これは別に悪いことではない。そこで、日本を含む世界各地でオイルマネーが不動産に投資されています。

日本経済が停滞して、土地の値段が下がっていることもあって、買うには今が絶好のチャンスと考えた投資家が、オイルマネーで日本の目抜き通りの土地やビルを買っています。

ただし、どの不動産を買うかも、厳密な解釈が必要です。一階に銀行やATMが入っているビルは買っていいものかどうか。日本の銀行は、『コーラン』が禁じた「利子取り」をしているからです。あるいは、酒や豚肉の商品を扱っているコンビニエンスストアがあるビルはどうなのかとか。

イスラム金融には、きちんとした専門家がいて、投資をする際には、こうした専門のイスラム法学者に判断を仰ぎます。その人たちのお墨付きをもらって初めて、イスラム金融が実行できるのです。

イスラム教のことに詳しいからといって、商売のことに詳しいとは限りません。イスラム法に詳しく、かつビジネスにも通じているという人は極めて限られます。こうした人が、いまや、ひっぱりだこだそうです。

『コーラン』の主旨を曲げることなく上手に解釈して、長年にわたって、社会と折り合いをつけてきたイスラム教徒の面目躍如。これがイスラム金融です。

中東世界に還流したオイルマネーは、こうしたルールにもとづいて世界で運用されるようになりました。

二〇〇八年に経営破綻したアメリカの大手投資銀行リーマン・ブラザーズの行動は、まさに資本主義のマネーゲームでした。

資本主義経済というのは、お金を増やすためだったら、何をやってもいい。法律に違反さえしなければ、何をやってもいい。これが横行してきました。それに対する反省が、各地で生まれています。こんなとき、神様の教えにもとづいて、モラルをもってお金を増やすことが大事なんだよということを、イスラム金融は教えています。

イスラム金融が世界を動かす

中東のアラブの国々はみんなイスラム圏です。その多くの国が産油国です。石油が出るので、オイルマネーが入ってきます。この多額の資金は、イスラム金融のルールによって運用されるようになりました。

そうなると、日本でもアメリカでも、新しい事業を始めるためにオイルマネーを利用しようとすると、イスラム金融の仕組みを熟知しておく必要があります。イスラムの教え、『コーラン』の教えのことを知っていないと、世界で金融業ができなくなってきているのです。

そこで今、日本のさまざまな金融機関が、ドバイなどイスラム世界に事務所をつくって、向こうの人たちとの交流を深めながら、イスラム金融で、お金をどのように運用していけばいいのかということを研究しています。イスラム金融が今や世界経済を動かすようになってきているということです。

その意味で、これからの世界経済を考えるときに、イスラムの教え、『コーラン』の教えを知っていないと、ビジネスはやっていけなくなる。イスラムがとっても大事なことになるのです。「イスラム金融が世界経済を動かす」というのは、そういう意味になります。

そして今、宗教の立場から、資本主義経済はこれでいいのだろうか、金儲けのためなら何をやってもいいのだろうか、という異議申し立てが行われているのです。

おわりに

今回の本の元になった高校生への講義で、冒頭、私が高校生たちに、イスラム教やイスラム教徒に対する印象を聞いたところ、「怖い」という答えが返ってきました。さて、この本を読み終えた上では、どんな感想を抱いたでしょうか。

ユダヤ教、キリスト教、イスラム教はいずれも、唯一絶対の神様が、このすべての宇宙をおつくりになったと考えています。宇宙も地球も、そして私たち人間も、あらゆる生き物を神様がおつくりになった。これが、一神教の考え方です。

これに対して、たとえば日本の場合、神社があります。これはいろいろなところにたくさんの神様がいるのだという考え方です。神社は、いろいろな人を祀っているでしょう。神道の場合は、みんな神様として、これをお祀りするということをするわけです。死んでしまった人はみんな、神様としてお祀りしましょうというわけですから、神社はそれぞれの神社によって、みんな、お祀りしている神様が違っていたりします。ありとあらゆるところに神様がいるのだよと、こういう考え方ですね。これを多神教といいます。

インドに信者が多いヒンドゥー教も、いろいろな神様がいます。この世界をおつくりになった神様もいれば、今のこの世界を維持し続けている神様もいるし、この世界を破壊してしまう神様もいる。いろいろな神様がいますよという考え方です。

仏教では、お釈迦様がこの宇宙、世界をつくったわけではありません。世界は最初から存在していました。世界があって、その中で自分たちがどう生きればいいのか、あるいは死んだらどうなるのだろうかということをずっと考えて、人々の生き方を考えたのがお釈迦様です。

宗教のことに詳しい中東のイスラム教徒の人と話をしていて、私が「自分はブディスト（仏教徒）だ」と言うと、「仏教徒というのは無神論ではないか」というのです。神様がいないじゃないかと。仏教にはこの世界をつくった神様という考え方がないからです。

今のこの世界がすでにあって、その世界の中で私たちがどう生きていくかということを考えるわけだから、そもそも世界をおつくりになった神様がいないということ。それは神を信じていないことになるのではないかと言われて、「へぇー、そういう考え方があるんだ」と驚いたものです。

一神教と多神教と、世界にはいろいろな宗教、宗教観があります。キリスト教世界の神学者たちの中には、「多神教は遅れた考え方で、やがて文明が発達するにつれて一神教に進化していく」と言う人がいます。私は昔それを読んで、「そういうものなんだ」と思ったのですが、今になってみると、それはキリスト教的な考え方に過ぎないのではないかと考えています。いろいろな神様を信じることは野蛮なことで、唯一の神様を信じることこそが文明が進んだ証拠だというのは、そちらの勝手な解釈でしょうと、今の私はそういうふうに考えるようになってきました。

多くの日本人は、生まれたときはお宮参りをして、キリスト教の教会で結婚式をして、最期はお寺で葬式です。一生の間に、いくつもの宗教にお世話になります。ところが、これがアメリカに行ったら、あるいはヨーロッパに行ったら、みんな、キリスト教です。これを、怖いと思ったことはありますか？　まあ、まず思わないでしょう。これは、イスラム教でも同じです。イスラム世界に行けば、みんなイスラム教徒。ここに違和感はありません。

異文化の接点でトラブルが起こる

異なる二つの宗教が接触するところでは、いろいろな衝突が起きる可能性があります。

ヨーロッパはキリスト教世界です。EU（ヨーロッパ連合）には、次々に参加国が増えていますが、実はみんなキリスト教圏なんです。キリスト教という基本的な考え方、宗教や文化が一致しているから、言葉が違っても、いろいろな国が一緒になって連合をつくれるのです。

ところが、EUが拡大して、トルコが入ろうとした途端に、「ちょっと待て。トルコはヨーロッパじゃない」という言い方が出てきました。建前では「ヨーロッパの国ではない」という言い方をしていますが、本音は、「キリスト教圏ではない、イスラム教の国には入ってほしくない」ということなのです。

フランスだと、女性たちが公共の場でブルカを着用することを禁止するという法律ができました。スイスでは、モスクのミナレットという尖塔を建設してはいけないという法律ができました。スイスはキリスト教の国なので、イスラム教のミナレットは目障りだというわけです。

ヨーロッパで、伝統的なキリスト教と新しく移住してきたイスラム教の人たちとの間でさまざまなトラブルが起きています。その中で、「イスラム教徒は怖い」という漠然としたイメージが広がっています。だからといって、イスラム教徒一般が怖いわけではありません。イスラム世界に行くと、ほとんどが穏健な人たちばかりです。ヨーロッパの人たちの多くが穏健なキリスト教徒であるように。

アメリカでもヨーロッパでも、同じキリスト教という常識の中では何のトラブルもなかった。それは、イスラム世界でも同じこと。ただ、その両方が接触するところで、異文化によるさまざまなトラブルが起きるようになってきているということなのだろうと思います。お互いを認め合って、異文化、異宗教とどう共存していくかということが、これから二一世紀の大きな課題になるのだろうと私は思うのです。

そのときに日本というのは、神社でも、お寺でも、教会でも、何でもありでしょう。これが意外にいいのですね。キリスト教こそが正しいとか、イスラム教こそが正しいというと、結局、けんかになるけれども、まあ、いいじゃない、どっちでも。それぞれの宗教を信じている人は、これはこれで尊重してあげましょうよと私たちは考えます。この寛容の姿勢が、これからの世界にとって、意外に大事なことではないかと思うのです。

宗教のことを考えてみよう

何も私は、何かの宗教を信じなさいと言っているわけではありません。ただ、いろいろな宗教についての基本的な考え方をちょっとでも知っておくと、余計なトラブルは避けることができます。また、それぞれの宗教の考え方を知ることで、人間はどう生きるべきなのか、死んだ後、どうなるのだろうかということを考えるきっかけになると思うのです。

人間は自然にはかないません。その自然の中で、どう生きるべきかということをみんながいろいろ考える中から、さまざまな宗教が生まれてきたのだと私は思います。

それは特に中東の砂漠の中に立つと、よくわかります。砂漠で、植物がほとんど育っていないようなところだと、人間は本当にか弱い存在です。ちょっとした嵐が吹いただけで、人間なんて、あっと言う間に死んでしまうのだなと痛感します。自然の中では、人間は本当に孤独な存在です。そうなると、一人ひとりが神様にすがっていくしかないのではないかという心細い気持ちが出てきます。

インドのような熱帯では、どんな動物でも、あっと言う間に死んでしまうけれども、また大変な勢いで、強い生命力を持った生き物が生まれてきます。ああいう世界だと、人間が死んでも、また生まれ変わるという感覚が生まれます。輪廻という発想は、あのインドだからこそ、生まれてくるのかなと思います。

日本のような、自然の豊かなところだと、きれいな森があったり、林があったり、池があったり、川があったりして、美しい自然があって、ここに神様がいらっしゃるんじゃないかなと感じる瞬間があります。あちらこちらに神様がいて、この自然が成り立っているのではないかという考え方が出てくるのがわかります。風土によって、それぞれの宗教が育ってきたのかなという気がします。

砂漠の中、満天の星。水も何もない、木も何もない砂漠の中にたった一人いる。本当に孤独だけれど、このすべては神様がおつくりになったもの、その神様の意思次第で人間の生命なんて決まってしまうのだという思いを持つのは、すごくよくわかるのです。

よりよく生き、よりよく死ぬために

とてもいい人なのに、この世の中では恵まれない人がいます。人がいいがために騙《だま》されてしまう。この人が、そのまま死んでしまって、おしまいだと、やり切れないでしょう。

でも、本当にいい人というのは、この世の中では恵まれなかったかもしれないけれども、あの世ではきっと幸せになるよねと思えば、それなりに自分を納得させることができます。

一方で、本当に悪い奴というのも存在します。人を殺したりすれば捕まるけれども、法律に違反しないギリギリのところで悪いことをして、いろいろな人を泣かせながら、お金持ちになっていく人物がいる。やはり納得できませんね。こいつはきっと、あの世でろくなことがないぞと思えるからこそ、私たちは何となく安心できたりするということがあるのではないでしょうか。

この世の中ではうまくいかないこと、不合理なことはいっぱいある。不合理なことはいっぱいあるけれども、でも、その不合理はきっと来世では何かどこかで修正されるだろうという思いがあるから、この矛盾にも何とか耐えることができるのではないかなと思うわけです。

あなたは何も宗教を信じていないかもしれないけれども、今、私が言ったようなことを何となく頭の片隅においておくと、自分はどう生きたらいいのだろうか、正しい人間の生き方とは何なのだろうかとか、考えるきっかけになるのではないでしょうか。よりよく生き、よりよく死ぬための生き方、それを示してくれるのが宗教なのかなという感じがしています。その観点からイスラム教を見ていくと、結局は、「よく生きるとはどういうことか」と、自分自身を見つめることになるのではないかと、私は思っています。

講義をまとめるにあたり、イスラム教や中東の専門家の方々に数多くの貴重なアドバイスをいただきました。深く感謝しています。とはいえ、本書の内容に関する責任のすべては、著者である私にあります。

本書が単行本として刊行されて七年が経ちました。この間にも世界は変化を続けてきました。今回の文庫化にあたり、「イスラム国」の記述を加えました。これも宗教が絡んだ事象のひとつです。しかし、何度も述べましたが、テロリストはごく一部の過激な思想に走る信者であって、大半のイスラム教徒や原理主義者たちと同一視してはいけません。そのための基礎知識として、本書が読者のみなさんの役に立てれば幸いです。

二〇一七年八月

池上　彰

主要参考文献

井筒俊彦訳『コーラン』（全三冊）岩波文庫　一九五七、一九五八年
井筒俊彦『マホメット』講談社学術文庫　一九八九年
牧野信也訳『ハディース』（全六冊）中公文庫　二〇〇一年
牧野信也『イスラームとコーラン』講談社学術文庫　一九八七年
『聖書　新共同訳』日本聖書協会　一九八七年
板垣雄三監修『イスラーム世界がよくわかるQ&A100』亜紀書房　一九九八年
飯塚正人『現代イスラーム思想の源流』山川出版社　二〇〇八年
臼杵陽『原理主義』岩波書店　一九九九年
臼杵陽『中東和平への道』山川出版社　一九九九年
桜井啓子『現代イラン』岩波新書　二〇〇一年
竹下節子『不思議の国サウジアラビア』文春新書　二〇〇一年
立山良司『イスラエルとパレスチナ』中公新書　一九八九年
高橋和夫『アラブとイスラエル』講談社現代新書　一九九二年
酒井啓子『フセイン・イラク政権の支配構造』岩波書店　二〇〇三年
酒井啓子『イラクとアメリカ』岩波新書　二〇〇二年
酒井啓子『〈中東〉の考え方』講談社現代新書　二〇一〇年
ムハンマド・アリ・アルクーリ著、武田正明訳『イスラムとは何か』時事通信社　一九八五年
アハメド・ラシッド著、坂井定雄・伊藤力司訳『タリバン』講談社　二〇〇〇年

本書は、二〇一〇年九月、書き下ろし単行本として
ホーム社より刊行されたものに加筆しました。

本文デザイン：usi
写真：AP／アフロ、ロイター／アフロ、アフロ
図版：清水廣良

集英社文庫

池上彰《いけがみあきら》の講義《こうぎ》の時間《じかん》 高校生《こうこうせい》からわかるイスラム世界《せかい》

2017年10月25日 第1刷　　定価はカバーに表示してあります。

著　者　池上《いけがみ》　彰《あきら》

発行者　村田登志江

発行所　株式会社　集英社

東京都千代田区一ツ橋2-5-10　〒101-8050

電話　【編集部】03-3230-6095

【読者係】03-3230-6080

【販売部】03-3230-6393(書店専用)

印　刷　凸版印刷株式会社

製　本　凸版印刷株式会社

フォーマットデザイン　アリヤマデザインストア　　マークデザイン　居山浩二

ISBN978-4-08-745652-3 C0195